BOOK HILL

पर्वत पर्वतमा बटुवा घाम

रमेश क्षितिज

बुकहिल पब्लिकेसन प्रा. लि., काठमाडौं
बुकहिल इन्टरनेशनल, लन्डन

कर्पोरेट तथा सम्पादकीय कार्यालय
सत्य-सदन ५३०/२० कालिका मार्ग,
का.म.न.पा.- २९, कालिकास्थान, काठमाडौं
पोस्ट बक्स नं. : ४९७४,
फोन : +९७७-१-५९०४४०१/२
bookhillp@gmail.com
www.bookhill.com.np

आवरण : सचिन यगोल श्रेष्ठ
लेआउट : उमेश काफ्ले

पहिलो संस्करण : कात्तिक, २०७९
दोस्रो संस्करण : भदौ, २०८१

ISBN : 978-9937-753-34-0

PARBAT PARBATMA BATUWA GHAM
BY RAMESH KSHITIJ

धर्तीको एक कण म - मेरो के परिचय ?
समुद्रको एक बुँद म - मेरो के परिचय ?
आगोको एक झिल्को म - मेरो के परिचय ?
बतासको एक झोक्का म - मेरो के परिचय ?
आकाशको एक टुक्रा म - मेरो के परिचय ?

जे हुँ
तिम्रो सामुन्नेमा देखिएको म हुँ
अझ नदेखिएको - झन् धेरै/धेरै हुँ म,

त्यसो त
अरूले नचिन्नु ठीकै हो मलाई
आफैंले आफैंलाई त चिन्नु बाँकी छ मैले !

कविताक्रम

आकाशगङ्गा
१

अग्निउत्सव
२३

जलतरङ्ग
५१

वायुनृत्य
७३

भू-यात्रा
९५

आकाशगङ्गा

एउटा मूर्तिको आत्मसंस्मरण - ३
प्वाँख - ५
सेल्फी - ६
रुख - ९
जुत्तामा ढुङ्गा - ११
अग्लो पर्वतमा - १२
सायद जिन्दगी - १४
भुइँचालो - १६
साक्षात्कार - १८
अर्को स्वस्थानी - २०

एउटा मूर्तिको आत्मसंस्मरण

कुनै सीमान्तकृत नागरिकजस्तो भएर
ढुङ्गा थिएँ म - ढुङ्गा
जीवनको किनारतिर कतै बगरमा पल्टिरहेको
घामको झरी सहिरहेको
बेला-बेलामा चल्ने असिनाको हुरी भोगिरहेको

स्थिर थिएँ/जड र अप्रगतिशील थिएँ
मौन थिएँ/लाटो र अवाक् थिएँ
झरी पर्थ्यो - पिरो बनाएर जान्थ्यो नाक
हुरी चल्थ्यो - आँखामा खसाएर जान्थ्यो बालुवा
बाढी खस्थ्यो - तड्पाएर जान्थ्यो मेरो आत्मा

त्यो लोकगायक नदी हुन सकिनँ
        - जससँग थिए, हृदय छुने गीतहरू !
त्यो आदिकवि सूर्य पनि त हुन सकिनँ
        - जसले लेख्थ्यो, घामका उज्याला पङ्क्तिहरू !
त्यो कलाकार चरा हुन सकिनँ
        - जसले बनाउँथ्यो, आफ्नै सीपले कलात्मक गुँड !

टाढा हिंडेको माझीजस्तो बाटो
वा कोमल हृदयजस्तो पग्लिरहेको मेघ
        - त्यस्तो केही हुन सकिनँ

बरू एक दिन ईश्वरको अवतार भएँ म, ईश्वर !

जब लग्यो, कुनै कलाकारले मलाई
हिर्कायो शरीरका एक-एक विन्दुमा
ताछ्यो पत्र-पत्र छाला र फुटायो पुराना अङ्ग

उता
मालसिरीको मीठो स्वरलहरी गुन्जिँदा
म चिच्याउँथें कर्कश आर्तनादले यहाँ

बिहान हुन्थ्यो -
र पक्षीहरू उड्थे उन्मुक्त आकाशमा
साँझ हुन्थ्यो -
र रातो-रातो खुल्दथ्यो सुदूर क्षितिज
म खस्दथें - क्षण/प्रतिक्षण टुक्रिँदै आफैंबाट यहाँ
म खप्दथें - छिनो/हथौडा र मार्तोल
म सहन्थें - प्रहार/चोट र दुःख

अनि एउटा शुभबिहान
पाएँ नवीन स्वरूप
र प्रतिष्ठापित भएँ म - अग्लो मन्दिरमा

अचेल - बेलपत्र/अक्षता/सिन्दूर
अनि घाम/शीत छेक्ने छानो
बस्नलाई आसन/सुँघ्नलाई वासना/हेर्नलाई रङ
सुन्नलाई लयात्मक श्लोकहरू - के छैन मसँग ?

एउटा साधारण ढुङ्गाले ईश्वर बन्नु
किमार्थ एउटै थियो तर रहस्य कि
मैले पीडाको लामो यात्रा हिंडेको थिएँ !

प्वाँख

भर्खरै घाम झुल्केको कलिलो बिहानमा
कुनै दिन
झ्यालबाहिर फुलेको आरुको बोटमा
पहिलोपल्ट देखिएको हो - त्यो सुन्दर पक्षी !

यसपछि भेटिन्थ्यो ऊ
खेल्दै गरेको - कौसीका कुना/कुनामा
पेटीमा/बार्दली र पर्खालमा
कहिले उफ्रिँदै भुर्ररभुर्रर
कहिले सुनाउँदै कलरव - चिर्बिर/चिर्बिर

बिहानै/बिहानै
चुच्चोमा च्यापेर अनाजका दाना
नाचिहिँड्थ्यो रुखका हाँगा/हाँगामा
खेल्दथ्यो - मस्त आफ्नै लयमा

क्रमशः यसरी - बनेर दैनिकीको अभिन्न भाग
महिनौंसम्म देखाएर अनेक लीला
अचानक एक दिन कहाँ हो कहाँ हरायो ऊ !

आँगनमा अचेल घरी यता/घरी उता
बतासको झोक्कासँगै उडिरहन्छ - एउटा सुनौलो प्वाँख !

सेल्फी

साँझपख
बाटोमा हिँडिरहेको एक फकीर हुँ
मेरो स्वागतका लागि
हातमा रङ्गीन खादा वा माला बोकेर उभिएको
कोही छैन - यही ठीक छ/सबै ठीक छ !

दोबाटोमा उभिएको - एक पुरानो सालिक हुँ
बेला/बेलामा केवल निस्पृह हेर्छन् अपरिचित आँखाले
छैन - केही गुनासो छैन !

मेरा लागि - नचिनेको अप्रचलित बाटो छ
नदेखेका मोड/नौलो बस्ती र परचक्री भिडमा
भन्दैन कसैले - शुभप्रभात
गर्दैन - मेरो नामको प्रेमिल सम्बोधन
मलाई देखेर कोही मुस्कुराउँदैन यहाँ !

कोरोना सङ्क्रमणको त्रासले
टाढिँदै बसेको छिमेकीजस्तो
समय पनि उभिन्छ - पल्लो किनारमा !

म हुँ
  - नितान्त पढ्दै नपढिएको दर्शनको कुनै किताब
म हुँ
  - बुझ्दै नबुझिएको कविताको एक दुरुह पङ्क्ति
म हुँ
  - उड्दै जाने हुस्सुले छोपिएको टाढा जङ्गलको एक्लो रुख
म हुँ
  - कसैले नचिनेको दूर देशको अपरिचित बटुवा

जहाँ छु उभिएको - होइन त्यो जमिन आफ्नो
होइन बास बसेको धर्मशाला मेरो
तर पनि यी यसरी
आइपुगेको छु कहाँ/कहाँबाट म यहाँ
बिसाएर उद्यानमा केही क्षण बात मारेको छु
  - छेउमा बसेकी युवतीसँग
  - काँक्रो/मकै बेच्ने किशोर
र बिरुवामा पानी चार्दै
  - मुस्कुराइरहेको हँसिलो मालीसँग

नसोध !
एकदम नसोध मेरो चिनारी
आएको म कहाँबाट/जानु छ कुन गन्तव्य, नसोध
कुनै पूर्वकथा भन्न असमर्थ मलाई
नसोध - मेरो आगत/विगत/गाउँ/ठाउँ केही नसोध

धर्तीको एक कण म - मेरो के परिचय ?
समुद्रको एक बुँद म - मेरो के परिचय ?
आगोको एक झिल्को म - मेरो के परिचय ?

बतासको एक झोक्का म - मेरो के परिचय ?
आकाशको एक टुक्रा म - मेरो के परिचय ?

जे हुँ -
तिम्रो सामुन्नेमा देखिएको म हुँ
अझ नदेखिएको - झन् धेरै/धेरै हुँ म

त्यसो त -
अरूले नचिन्नु ठीकै हो मलाई
आफैंले आफैंलाई त चिन्नु बाँकी छ मैले !

रुख

रुख र पातहरू -
रुखमा सुहाएका रङ्गीबिरङ्गी पातहरू !

घाम/जूनको किरणमा
चम्किँदै उत्सव मनाइरहेका - ताजा पातहरू

नृत्य-निर्देशक बताससँगै फिर्फिर नाचिरहेका
नायक/नायिका - हरिया/चिल्ला पातहरू
केही - हाँगाको बसपार्कबाट छुटेर
जमिनको डेरातिर फर्किरहेका - बूढा/पुराना पातहरू

जाडोमा कतै
काँप्दै/काँप्दै रुखमुन्तिर - सडक बालबालिका पातहरू
गर्मीमा निचोरिंदै/निसास्सिँदै - श्रमिक पातहरू

रुख र पातहरू -
रुखबाट खसेर भुइँमा बसेका शरणार्थी पातहरू !

शीतको आँसु खसाएर प्रतीक्षारत - गृहिणी पातहरू
उडेर टाढा पुगेका - शान्ति सेना पातहरू

पोखरीमा डुङ्गा चलाइरहेका - माझी पातहरू
फगत मसिनो त्यान्द्रोमा झुन्डिरहेका - आशावादी पातहरू !

रुख र पातहरू -
हाँगा/हाँगा सजाइरहेका ध्वजापताकाजस्ता पातहरू !

तर एक दिन - पहेलिँदै झर्छन् पुराना पातहरू
तिनको ठाउँमा फेरि पलाउँछ नयाँ मुना
ऋतु फेरिन्छ
रुखमा - पातहरूको आउने/जाने क्रम चलिरहन्छ ।

जुत्तामा ढुङ्गा

बाटोमा - के निस्केको थिएँ भर्खरै
बिझाउन शुरु भएको थियो पाइताला

दुख्न थालेको थियो कुर्कुच्चा
बिस्तारै-बिस्तारै बनेको थियो आलो घाउ

तर सहज थिएन कदापि/हिँड्दाहिँड्दै
बीच बाटोमै रोकिनु
र त -
जसरी पनि अनवरत जारी थियो यात्रा

पछि/अलिक पछि - सुस्ताएर बिसौनीमा
खोलेर हेरेँ जुत्ता
भित्र पसेको रहेछ - मसिनो ढुङ्गा

अहो ! एउटा सानो वस्तु पनि
काफी छ पूरै यात्रा बिथोलिदिन !

बेलाबेलामा सम्भव छ
यसरी ढुङ्गा पस्नु/सम्भव छ फेरि पनि
तर जरुरी छ/एकदम जरुरी छ
जुत्तालाई टकटक्याएर
सफा गर्नु - र यात्रामा निरन्तर हिँडिरहनु ।

अग्लो पर्वतमा

जति/जति
चढ्दै जान्छु - उति/उति अग्लिँदै जान्छ

यो कस्तो पर्वत हो मेरो सामुन्नेमा
कुन हो मैले पुग्नुपर्ने शिखर ?
झन्/झन् दौडेर जान्छु - उति टाढिँदै जान्छ !

होली खेलेर फर्केको रातो सूर्य
भर्खरै डाँडाहरू नाघेर
गइसक्यो पश्चिमतिर - जसलाई देखाएर तिमीले भनेथ्यौ
ऊ... त्यसरी शनैः/शनैः हिँडिरहेछ समय

कहाँ हराइसके
एक छिनअघि बाँसघारीमा उत्सव मनाइरहेका चराहरू
न पहेँलपुर तोरीबारी/न रातै फूलेको सिमल !

बस् ! यो एक सुनसान गोधूलि

मनको हाँगा र पात निमोठिरहेको एक धारिलो सम्झना
ढोका लाउँदालाउँदै कुन बेहोसीमा च्यापिएको
रगतपच्छे औँलाजस्तो यो मौनता चिरेर

को गाइरहेछ -
झन् पर जान्छु, झन् माया लाग्छ, मोहनी फुकाइदेऊ...

आजन्म उक्लिरहेको म - यहाँ मैले थाकेँ भन्नुहुन्न
उठेर फुट्छन् र फेरि उठ्छन् पाइतालामा फोका
र पनि दुख्यो भन्नुहुन्न
म हिँडिरहनुपर्छ जसरी-तसरी यो बाटो

झन्झन्... उकालो यो यात्रा
कठिन छ आरोहण
र पनि चढिरहेछु अग्लो पर्वत - जिन्दगीको ।

सायद जिन्दगी

बिहानै/बिहानै
बेतोडले दौड्दै गयो एक मानिस - आँखा अघिबाट
बाटोमा भेला भएर
गर्न थाले सबैले एक-अर्कालाई प्रश्न
        - को थियो त्यो मानिस दौडिरहेको ?

थियो कि त्यो एक राजबन्दी
वा जेल तोडेर भागेको कुनै विद्रोही कैदी ?
कि कुनै भूमिगत पार्टीको नेता वा
परिस्थितिले पाकेटमार बनाइसकेको होनहार युवक ?

छेउको कपडा पसलेले
दौडँदै आएर भन्यो -
        मैले देखिनँ उसको अनुहार
        तर लाएको थियो घरबुना ढाकाको कपडा

बाटोको एक कुनामा
जुत्ता सिइरहेको मोचीले दियो बयान -
        नहेरे पनि अनुहार म भन्न सक्छु
        उसले लाएको थियो सावरको पहेँलो जुत्ता
        र दौड्दा एउटा गोडामा फुकेको थियो तुना

सैलुनबाट निस्केर नाउले भन्यो -
उसले काटेको थियो सैनिकको जस्तो कपाल
र पातलो पारेको थियो पछिल्लो भागको केश

अहो ! नदेखे पनि सम्पूर्ण उसलाई
आँखा अघिबाट अनवरत दौडिरहेको
सायद उही हो - उही त हो जिन्दगी !

भुइँचालो

देख्नू, निरन्तर देख्नू सपना -
मेरो विश्वास यात्रा
म रङ्गीचङ्गी सपना देखिरहेको थिएँ

सपनामा उकालै/उकालो उक्लिरहेको थिएँ
छिचोलिरहेको थिएँ - अक्करको भिर
टाढा पुग्नुपर्ने यात्रीझैं भएर
तरिरहेको थिएँ वेगवान् नदी
त्यो जङ्गल र गोरेटाहरू नाँघेर - म स्वतन्त्र पक्षी
आकाशको एक/एक कुना
र रूखका हाँगा/हाँगा डुलिरहेको थिएँ

अचानक बिउँझिंदा रातमा
भुइँचालोले हल्लिरहेको थियो - सम्पूर्ण जमिन
डग्मगाइरहेका थिए कोठाका सामान
र थर्किरहेका थिए घरका भित्ताहरू

बाहिर कतै
पखेटा फट्फटाएर उडेझैं लाग्दथ्यो चरा
एकदम कराइरहेझैं लाग्दथ्यो बालक र वृद्धहरू

फैलिरहेझैं लाग्दथ्यो - आर्तनाद हावामा
त्यस्तो के भएको थियो - कोलाहल र भागदौड !

एकतमासको त्रासदीमा डुबेको थियो रात
उठेर पनि
टेक्नै नसक्ने गरी हल्लिरहेको थियो जमिन

तर बिहानमा -
आँगनमा निस्केर हेर्दा उस्तै थिए सबै चिज
एकाबिहानै - काममा हिंडेका थिए मानिसहरू
नियमित थियो -
पत्रिका बोकेर साइकलमा आएको ठिटोको कर्म
ठीकठाक चलेको थियो दुनियाँ
उस्तै थिए आँगनका गमलाहरू
उस्तै थियो - आकाश उक्लिरहेको हरियो दुबो

चर्केको जीवनघरका भित्ताहरू टाल्न
कुनै गुमनाम कालीगढ खोज्दै हिंडेको मानिस
- मै हुँला अब !

मनलाई केन्द्रविन्दु बनाएर रातभरि
पटक/पटक गइरहेको
त्यो भुइँचालो त - आफैंभित्रको रहेछ !

साक्षात्कार

वर्षौंदेखि तिमी पर्खिरहेछौ
एक जादुगरी आगमन - जसले बदल्नेछ तिम्रो जीवन !

फुकालेर दुःखका मैला लुगाहरू
दशैंको बालकलाई झैं -
पहिऱ्याउनेछ तिमीलाई रङ्गीचङ्गी खुशीको पहिरन
र हात समाएर तराउनेछ सङ्घर्षको नदी
पुऱ्याउनेछ सपनाको उसपार - पल्लो किनारमा !

ठीक सोच्यौ - कोही अवश्य आउनेछ
नसोचेको महर्षि आँगनमा आएर तथास्तु भनिदिएझैं
कोही भेटिनेछ तिम्रो जीवनमा

त्यो एउटा मानिसले गर्दा
संसारै फेरिएझैं लाग्नेछ तिमीलाई
फरक लाग्नेछन्
यो पहाड/यो आकाश/यो धर्ती - सबै

उसबाहेक कसैले बदल्न सक्नेछैन तिमीलाई
उही नै हो -
तिम्रो अन्तरङ्ग मित्र दुनियाँमा

उही हो - सच्चा प्रेमी/शुभेच्छुक
खुशीको बर्सातले तिमीलाई नुहाइदिने मानिस

पहिल्यै आइसकेको ऊसँग
केवल साक्षात्कार हुनु छ अब तिमीले
को हो ऊ - बस्, ऐनाअघि उभिएर हेर !

अर्को स्वस्थानी

कति कठिन छ हेर्नु
आफ्नै आँखाअघि - आफ्नै अङ्गपतन !

खसे मेरा आँखा
- बने नुनिलो पानीको तलाउ
खसे परेलाहरू
- उम्रे उदासीको दुबो भएर
नाक खस्यो
- बन्यो निराशाको अँध्यारो सुरुङ

हात खसे
- बने पीडाका रुखहरू/हाँगाहरू
खस्यो चिउँडो
- बन्यो भ्रमको पहाड
करङ खसेर बने
- मान्छे उक्लिने भऱ्याङ

धेरै-धेरै मानिसले टेकिहिँडेको दोबाटोको ढुङ्गा
त्यो बन्यो - मेरो मन खसेर
मुटु खसेर बन्यो एक आकर्षक खेलौना
सपना खसेर बन्यो
बिसौनीमा कसैले बिर्सिहिँडेको - जालीरुमाल !

न बोक्नलाई कुनै भरोसाको महादेव
न भर पर्न कुनै आत्मीय पिठ्युँ !

आफ्ना खसेका अङ्गहरू आफैँले उठाउँदै/सम्हाल्दै
र आफू दुरुस्त भएको अभिनय गर्दै
म हिँडिरहेको हुन्छु - जीवनको दुरुह बाटो !

अग्निउत्सव

नयाँ गायक - २५
यात्रा - २७
कुर्सी - २९
सारङ्गी - ३१
अहिल्या आस - ३२
किंवदन्ती - ३५
जादु - ३८
स्त्री - ४०
रहे बाँस बजे बाँसुरी - ४१
मास्क लगाएको मानिस - ४२
एउटा गोष्ठीबाट फर्केर - ४६
लाखौँ योगनरेन्द्र - ४७

नयाँ गायक

अब -
मौलिक गीत आउनेछ - रङ्गमञ्चमा
गुन्जिनेछ राग प्रत्येक कुना/कुनामा

काठका मुढाझैं निस्लोट सुतेका बाजाहरूमा
जब पर्नेछ सिपालु औंलाहरूको स्पर्श
झङ्कृत हुनेछ अपूर्व नाद
बग्नेछ मूर्च्छना र फैलिनेछ आरोह/अवरोह

तीव्र/मध्यम - तालमा हिंड्नेछ समय
सुरको लहर/लहर व्याप्त हुनेछ यहाँ

शुरु हुनेछ एक अनुष्ठान
बिउँझेर जुर्मुराउनेछन् फेरि
बूढानीलकण्ठझैं सुतिरहेका - बेहोस शब्दहरू !

श्रोताको शरीरमा वेगले चल्नेछ - रक्तसञ्चार
हल्लिनेछन् हृदयका तारहरू
र त्यो गायकीको रानोलाई पछ्याउँदै
भुनभुन/भुनभुन समवेत स्वरका मौरीहरूले
गुञ्जायमान हुनेछ - परिवेश

यो मौन शहरमा - मनाउनु छ जीवनको उत्सव !

दर्शकदीर्घामा बसेका असङ्ख्य दर्शकमध्ये
नयाँ गायकको व्यग्र प्रतीक्षामा बसेको मानिस
- एक त म पनि हुँ

टाढा नेपथ्यमा - कसको हो त्यो सुमधुर आलाप ?
अहो ! कसले गाउन खोजिरहेछ नयाँ युगको गीत ?

यात्रा

मैले भनेकै हुँ सोचेर मात्र आउनू
                    - यो बाटोमा

तीखा काँडाहरू छन्/धारिला चट्टानहरू छन्
कुर्कुच्चा रक्ताम्य बनाइदिने ठेसहरू छन्
र टुकीको मधुरो उज्यालोमा
राति अबेरसम्म पढ्नु पर्नेछ
                    - एउटा रातो किताब

चल्दाचल्दैको सिरेटो थामिन सक्छ
हिँड्दाहिँड्दैको गोरेटो हराउन सक्छ
अनकन्टार/एकान्त/निर्जन यस्तो बाटोमा
घाम अस्ताउन सक्छ
झरी बर्सिन सक्छ/आँधीहुरी चल्न सक्छ
                    - यस्तो भनेको हुँ

पहराको झुल टाँगेर सुतेका गहिरा नदीमा
आफ्नै शरीरलाई डुङ्गा बनाएर तर्नुपर्छ भङ्गालो
आफ्नै गोडाको लाठी टेकेर - उक्लिनुपर्छ उकालो
र आफ्नै पसिनाको धारोमा नुहाउनुपर्छ यहाँ
                    - यो पनि भनेको हुँ

आधि बाटोमा - रूखमुनि हुनसक्छ बास
ज्यान हत्केलामा राखेर
आफ्नै आँखाको चिराग बाल्दै
हिंड्नुपर्छ अँध्यारोमा कर्णालीको तीरैतीर
- अवश्य भनेको हुँ

नभनेको कति मात्र हो भने -
एकबारको जुनीमा तर
फरक यात्रा नै मनपर्छ मलाई ।

कुर्सी

पाइताला -
जो हुन् चाहन्छन् - गतिशील !

नाघेर जान चाहन्छन् यी अनेक शिखर/टाकुरा
ओर्लिनु नै परे पनि ओरालीतिर
यी भन्न चाहन्छन् - ओर्लिनु/उक्लिनुको के कुरा
सर्वथा जीत नै हो - निरन्तर हिँडिरहनु

यति राम्रा पाइतालाहरू बाहिरै छोडेर
जुत्ता बोकेर को पसेको छ - यो अग्लो भवनभित्र ?

हातहरू -
जो खियाउन चाहन्छन् - नङ्ग्रा !

लेख्न चाहन्छन् दुनियाँले श्रद्धा गर्ने एक महान् ग्रन्थ
यी कोर्न चाहन्छन् - नवीन नक्सा
यति कर्मठ हातहरू आँगनमा छोडेर
पञ्जा लाएर को पसेको छ - गोप्य कोठामा ?

आँखा -
जो देख्न चाहन्छन् - प्रिय सपना !

यी सुन्दर आँखालाई पेटीमा अलपत्रै छोडिराखेर
चश्मा लाएर को बसेको छ - बैठकमा ?

कान -
जसले सुन्न चाहन्छ गरीब र श्रमिकका कथा !
तीखा यी कानहरू पर्खालमा झुन्ड्याइराखेर
कसले रोजेको छ जासुसहरूको कानेखुसी - अँध्यारो कुनामा ?

मुटु -
जो पग्लिन्छ मानिसको आँखामा - आँसु देखेर !
यो ढुकढुक गरिरहेको मुटु यहीं छाडेर
छाती फुलाउँदै कसले बनाइरहेछ - डरलाग्दो योजना ?

अनुहार -
जो चम्किन चाहन्छ सत्कर्मको - दिव्य आभाले !

सबैभन्दा आश्चर्यलाग्दो कुरा
छोडेर आफ्नो अनुहार नै यहाँ
मुखुन्डो लाएर कसले दिइरहेको छ आदेश नेपथ्यबाट ?

बाहिरै छाडेर आफूलाई
कुर्सीमा कोही बसेको छ त्यहाँ - को हो ऊ ?

सारङ्गी

सम्झ कि - दोब्रिएको पेट
र बाहिरै देखिने करङहरू बोकेर
चरम गरिबीमा हुर्किरहेको - गाउँको दुब्लो बालक म

कुनै बलिष्ठ हातले
अठ्याउँछ मेरो पातलो घाँटी - रेटिन्छ हृदयको तार
जर्जर मेरो शरिरमाथि चल्छन् खस्रा औंलाहरू
म चिच्याउँछु पीडाले र फैलिन्छ - आर्तनाद हावामा

उनीहरू भन्छन् - कति मीठो सारङ्गीको धुन !

अहिल्या आस

परखिंदा/परखिंदै -
इः यसरी ढुङ्गा भइसकें म
कोही त हेर मलाई
कहिलेदेखि तड्पिरहेछु श्रापको चेपमा परेर यसरी
- ऐठनमा छु !
- अनिद्रामा छु !
- आहत छु !
- आक्रोशमा छु !

पत्थरको मेरो जुनीलाई
प्रतीक्षा छ - एक सार्थक आगमनको

पारि देखिएपछि हिँडिरहेको कुनै आकृति
म रमाएर हेरिरहन्छु - कोही आउने बाटो
असीम प्रफुल्लताले मुस्काइरहन्छु शरद्को सूर्योदयझैं

साँझमा/देखेर गतिशील उज्यालो उकालोमा
सोचिरहन्छु - गए दुःखका दिन अब !

नदी किनारमा
अलपत्र छन् शरणार्थी सपनाहरू
र पर्खिरहेछु - एक युगदेखि/पर्खिरहेछु

वर्षौंदेखि चिच्याइरहेछु गम्भीर मौनता
तर निर्जन/अनकन्टारमा
यहाँ - कसैले सुन्दैन मेरो पुकार !

म ढुङ्गाको कमलो मनमा छन् - एक आत्मीय ईश्वर !

उनी आउलान् परिवर्तनको नायकजस्तो भएर
र बिउँझुँला म एक चिर निर्जीवताबाट
उनले छोइदिँदा प्राण भरिएला मेरो शरीरमा
प्रेम भरिएला मेरो हृदयमा/भरिएला श्रद्धा र विश्वास

रङ्ग भरेझैं चित्रकारले सादा कागजमा
आएर उनैले भर्लान् - मेरो एक/एक गुलाबी खुशी

बगेको झरना हो मानिसहरूले भने
होइन नि - त्यो त मेरो आँसु हो विरहमा बगेको !
उडेको बतास हो बटुवाहरूले भने
होइन नि - त्यो त मेरो सुस्केरा हो एकान्तमा सुसेलेको !

हुरीको हलचलले पनि झुक्याउँछ मलाई
खुत्रुक्क - कुदिरहेको पदचापको मृगले पनि झस्काउँछ मलाई
दृष्टिभ्रमको खाल्टोमा - खस्दै/उक्लँदै
प्रत्येक दिन म देख्छु सपना तर - कोही आउँदै गरेको

उनको एक स्पर्शले - म फेरि बनुँला जिउँदो मानिस
हिँडुँला एक गति/भेटुँला एक नयाँ जीवन

हे राम ! पर्खनुको यो श्रापबाट मलाई मुक्त गर !

(महर्षि गौतमको श्रापबाट ढुङ्गा भएकी अहिल्या भगवान् रामको स्पर्शले फेरि जीवन्त बनेको कुरा पूर्वीय ग्रन्थहरूमा उल्लेख भएको पाइन्छ । यो कविता भुटानी शरणार्थीमा समर्पित छ ।)

किंवदन्ती

अझै पनि
जब हुन्छ औंसीको रात...

आकाशबाट - गुमनाम भइदिन्छ शहीदजस्तो चन्द्रमा
वरपर सुनिन्छ अनौठो आवाज
मध्यरातको खाली बाटोमा
एक्लै दगुर्छ - कुनै कालो रङ्को धावक आकृति

सुनिन्छ बतासमा एक ध्वनि
मानिसले बोलेजस्तो गुनगुन - गुनगुनको आवाज
कता/कता घोडाका टापहरू बजेजस्तो
चुराहरूको छुनछुन/छुनछुन जस्तो
कोही रोएजस्तो/कराएजस्तो/गुहार मागेजस्तो

युद्ध मैदानका सिपाहीजस्तो भएर
तन्नेरी हाँगाहरू लहराउँछन् हावामा
फर्फराउँछन् पातहरू
सिमलको रुखमा बसेर नमीठो कराउँछ
- बूढो हुचील

गाउँका बुढापाकाहरू
भन्छन् त्यो नीलो दह - उसैको आँसु हो जमेको
जसको छातीमा पारिएको थियो धारिलो हतियारले प्वाल
र भुलभुल बगेको थियो आलो रगत - जमिनमा
जो पछि रातो फूलको झ्याङ भएर
- फुल्यो डाँडामा

उसको हातको सुनको बाला
खसेर बन्यो - सङ्लो तलाउको पानीमा चन्द्रमा
उसको श्वास हुरी भएर ठोकियो पहिरोमा
जो अझै बतास भएको सुन्न सकिन्छ
- साँझको देउरालीमा

जेठको हुरीमा - निभ्यो हठात्
उसको ओठमा खेलिरहने एक प्रिय मुस्कानको दियो !

कसलाई थाह र - ऊ थियो एक असल मानिस

कालो शुक्रबारको रातमा
लुकेर अचानक आक्रमण गरिनुअघि
उसले गरेको थियो सिमानाको हिसाब-किताब
पढेको थियो नागरिकता विधेयक
र अस्वीकार गरेको थियो दलालहरूको सत्ता

झ्यालको चेपबाट
लुकेर हेर्ने कायरहरूले कहिल्यै गरेनन् प्रतिवाद

ऊ ढल्दा -
चट्याङ्झैं आएको थियो ठूलो आवाज
परेको थियो ठूलो खाल्डो भुइँमा

भोलिपल्ट -
दिनभरि दक्षिणतिरबाट बर्सेको थियो झरी
र मेटेको थियो जो भएका दसी प्रमाण

कथाहरू दोहोरिन्छन् जब हुन्छ औंसीको रात

अझै पनि
जब हुन्छ औंसीको रात... !

जादु

अचानक - कहाँबाट आयो
एक जादुगर एक दिन र आँखा चिम्लिन भन्यो !

हामीले हेर्दै थियौं
- हराभरा जङ्गल
- कुमारी पहाड
- फराकिला चउर
- निर्मल नदी
- थरीथरीका चरा/पुतली र जनावर
- बास बसेको घर

हेर्दै थियौं -
पङ्क्ति मिलाएर उड्दै दूर देशबाट आउने पाहुना मालचरी
अनि आकाश नियाल्ने बालक/धर्ती खोप्ने किसानहरू

हेर्दै थियौं -
आँगनमा भुनभुन गर्दै उड्ने रङ्गीचङ्गी सोझा पुतलीहरू
पछिपछि दौड्ने बाल्यकाल/यौवन लहराउने बोटहरू

हेर्दै थियौं -
गाउँ-गाउँ घुमिहिँड्ने मायालु कोमल गौंथलीहरू
गुँड लाउन मिल्ने दलिनहरू र दयालु घरधनी

हेर्दै थियौं -
बाटो/गोरेटो र आँगनमा उड्ने ताराजस्ता जूनकिरीहरू
झिलमिल उज्यालो र चम्किरहने सम्झनाहरू

शहरका कुना/कुनाका ढुङ्गेधारा
पानी भर्ने पधेर्नी र अञ्जुली पिउने बटुवा - हेर्दै थियौं

एकछिनपछि बन्द आँखा खोल्दा
जादुगरले गायब गरिसकेको थियो धेरै कुराहरू
- हराएका थिए कठै ती पुतलीहरू !
- हराएका थिए केही चराहरू !
- थिएनन् केही बोट/वनस्पती र प्राणीका प्रजाति !
- थिएन सफा आकाशको टुक्रा/हरियो जङ्गल/निर्मल जल

कस्तो जादु थियो त्यो
हाम्रो हात/हातमा थियो बरू - अनौठो रङ्गीन वस्तु !

त्यस यता
धुवाँ - धुलोले भरिएको शहर
र काकाकुल गाउँमा बसेर
निहुँरिँदै तस्वीरमा हेरिरहन्छौं
आजभोलि हामी
- जङ्गल र चरा/पुतली
- बगिरहेको नदी र
- हिमालका सेता कञ्चन शृङ्खलाहरू
काँचको पर्दामा !

स्त्री

ऐना हेरेर बस्दाबस्दै
हो ऐनामा/मुस्कुराउँदा मुस्कुराउँदै

अचानक एक दिन
फुत्त बाहिर निस्किन्छ तिम्रो आफ्नै प्रतिविम्ब
र विद्रोहको स्वरमा भन्छ -
यसरी सधैं/सधैं कैदी भएर कहाँ सकिन्छ बस्न !
अटाउँदिनँ यो साँघुरो फ्रेममा म

अहो ! एक युगदेखि उकुसमुकुस भएर
मुक्ति खोजिरहेकी - के त्यो तिमी थियौ ?

रहे बाँस बजे बाँसुरी

बाँस छ र - बाँसुरी छन्
बाँसुरी छ र - कृष्ण छन्
कला/रङ र लय छ/लीला छ/गीता छ

बाँस छ र - विनम्रताको कथा छ
विनम्रता छ र निहुरिनु छ
छ कृतज्ञता/मानवता/अहङ्कारलाई पखाल्ने ओखती छ

बाँस छ र - अनेक चराहरू छन्
चराहरू छन् र गुँड छ
कलरव छ/पखेटा/उडान छ/स्वतन्त्रता छ

बाँस छ र - ओत लाग्ने छानो छ
छानो छ र जसोतसो झुपडी छ
छन् वृद्धहरू/बालबालिका
न्याय मागिरहेका सुकुम्बासी र श्रमिकहरू

बाँस छ र - हरियो छ
हरियो छ र र जीवनको सिद्धान्त छ
संसार छ/मानिस छन्/खोजी छ/सम्भावनाहरू छन्
रोक/रोकिहाल !

आवेशमा झोस्न तयार आगो हातमा लिएर कसैले
अझ पनि भनिरहेछ - न रहे बाँस, न बजे बाँसुरी !

मास्क लगाएको मानिस

भीषण युद्धपछिको रात भएर जस्तो
सुनसानको पछ्यौरी ओढेर दिउँसै सुतेको छ - शहर
अझै जारी छ -
घरबाहिर ननिस्किन निषेधाज्ञाको कडा आदेश !

“आ... ‘पिंजडाको निरीह पन्छीले कति बस्नु थुनिएर कोठामा
बिना कसुरको कैदीजस्तो पर्खालभित्र
जब कि सरकारले तोकिसकेको छ चुनावको मिति !”

गोजीमा हात हालेर साँझपख
टहलिन निस्केको एउटा मानिस चौकबाटै/कहीं नपुग्दै
डेरामै फर्काइदिएको छ - काँधमा पहेंलो तारा बोकेको
नीलो आकाशजस्तो बर्दी लगाएको प्रहरीले
रोक्दै भनेको पनि थियो किञ्चित अनुरोधको स्वरमा -
- चलेको छ कोरोनाको दोस्रो लहर
- मास्क लगाउनुस्/हात धुनुस्
- निस्कँदै ननिस्किनुस् बाहिर कहीं
- याद गर्नुस् -
सङ्क्रामक ऐनको सजाय

लामो यात्राबाट फर्केको कुनै थकित यात्रीझैं
थ्याच्छ बसेर डेराको भऱ्याङमा अब
सोचिरहेछ मास्क लगाएको मानिसले
- कहिले जाने होला आफ्नो घर ?
- कहिले उसैगरी ठूलठूलो स्वरले
कुरा गर्दै हिंड्लान् मानिसहरू ?
- कहिले चहलपहल र गुल्जार होला फेरि यो शहर !

कहिले ?
कहिले ??
कहिले ???

सुनसान छन् चौडा सडक र भित्री गल्ली पनि
बन्द छन् - पसल/रेस्टुरेन्ट र सैलुनहरू
सधैं सुनिने
मन्दिरका प्रभाती घण्टीहरू पनि मौन छन् अचेल

केवल टाढाबाट नरमाइलो चित्कार सुनिन्छ
बेलाबेलामा दौडिरहेका एम्बुलेन्सहरूको

मानिसहरूको के कुरा
मानिसहरू - मानिसलाई देखेर झसङ्ग मानिसहरू !
मानिसहरू - गेट बजेको सुनेर भयग्रस्त मानिसहरू !
मानिसहरू - समाचार हेर्न डराइरहेका निरीह मानिसहरू !
मानिसहरू - सङ्कटका छिमेकीसँग छेलिन बाध्य मानिसहरू !
मानिसहरू - बिरामी आफन्तलाई नजिक गएर
आँसु पुछिदिन असमर्थ मानिसहरू !

मानिसहरू - आधी बाटोमै बिदाइ भएका आफन्त
र साथी सम्झिरहेका दुःखित मानिसहरू !

केही अघिसम्म त
उता गाउँमा र खुला अनुहारमा
बात मार्दै चियापसलमा - क्यै होइन यो कोरोनासोरोना
सिर्फ व्यापारको हो खेला
यता - भिड पार्टी कार्यालयमा र सत्ताको दाउपेचमा
अहिले पो अस्पतालमा भरिएका छन् बेडहरू
प्रकृतिले निःशुल्क दिइरहेको
अक्सिजनको अभावमा छट्पटाइरहेछन् मानिसहरू
लय भाँचिएजस्तो/निद्रा कचमचिएजस्तो/कुन बेला के हुने हो !
उकालीको एक्लो रुखजस्तो भएर सोचमग्न छन्
- सन्त्रस्त मानिसहरू !

र मास्क लगाएको मानिस छ मौन -
छोपिएको छ अनुहारमा परिचय/गायब छ मुस्कान
बेला-बेलामा बग्छ विषादको पानी आँखाबाट
र भिजाइदिन्छ मास्क

त्यसभित्रै सल्बलाइरहन्छन्
अनेक भाव - मानौं तलाउभित्र थरीथरीका माछा
समयका अनेक/अनेक प्रतिविम्ब र बदलिने भावहरू
- बाटोमा निर्धक्क हिँड्नु पनि कति ठूलो कुरा !
- टाँक झरेको पुरानो कोटझैं भएका सम्बन्धहरू
- हस्ताक्षर भएको उपहारको उत्तम पुस्तक हराएजस्तो समय

- बाल्यकालमा उडाएको स्मृतिको प्वाँखजस्तो आशा
- सबै/सबै सुरक्षित छन् - स्मृतिको सन्दुकमा !

थपिएको छ
अब त्यसमा अहिलेको समयको विरूप चित्र

तर यस्तो बेला पनि
खटिएका छन् उपकारी मानिसहरू अरूको कल्याणका लागि
बाँकी छ/आशा र विश्वास - दुनियाँमा अझै बाँकी छ !

सिर्र चलेको बतासले
स्पर्श गरेर जान्छ सारा शरीर/उठ्छ त्यो मानिस
र मास्क तानेर कुनै लुङ्दरझैं टाँगिदिन्छ किलामा

उक्लेर खुला छतमा
फेर्छ लामो श्वास र एकोहोरो हेर्छ -
साँझमा गुँड फर्किरहेका लहर/लहर चराहरू ।

एउटा गोष्ठीबाट फर्केर

सबै/सबै आए - कवितामा

पानीको ऐनामा
आफ्नो अनुहार हेरिबसेको इन्द्रेणी
रुघा लागेको साउन/भदौ
चौतारीलाई सिरान लाएर पल्टेको गोरेटो
भर्खरै नुहाएर बसेको शरद्‌को सफा आकाश
- सबै आए कवितामा

भर्भराउँदो रातो आगो/फिलिङ्गो/चम्किलो तरबार
धावनमार्गमा कुदिरहेको हरियो चराजस्तो सैन्ययान
रोइबसेको आँखा/मुट्ठी कसेको हात
रगत बगेको तलाउ/अंशबन्डाको कागज
पीडा/कुण्ठा र आँसुको त पहाडै
त्यान्द्रा/त्यान्द्रा विद्रोहको अग्लो कुन्यु
- पालैपालो आए कवितामा

मुस्कुराउँदै/मुस्कुराउँदै
कविता बोकेर मञ्चमा कवि आयो
सुदूर/दूर - परदेशमा आफूलाई छाडेर !

लाखौँ योगनरेन्द्र

आउँछु भनेर हिंडेको मानिस
किन फर्किएन कहिल्यै ?
रहस्य भएर बाँचिरहेको छ एक प्रश्न - इतिहासमा !

तर हराएर गएको चङ्गाझैं - बेपत्ता छ राजा
बिहे गरेर भोलिपल्ट युद्धमा फर्केको
सैनिककी अर्धाङ्गिनीझैं सुनसान छ दरबार

ऊ आउला भनेर प्रत्येक साँझ
ओछ्याइएको छ बिछ्यौनामाथि सफा तन्ना
खुल्लै राखिएको छ झ्याल
र ढोकानेर राखिएको छ एकजोर खराउ
प्रत्येक दिन यात्री भएर समय
हिंडिरहेको छ
उस बेलादेखि - अन्तहीन प्रतीक्षाको सुरुङ !

"नउडेसम्म यो मूर्तिमाथि बसेको चरा
म आउनेछु कुनै बेला/कुनै दिन"
यसरी भनेर हिंडेको ऊ फर्केर आएन कहिल्यै
किन आएन - छैन जवाफ कुनै अभिलेखमा !

ऊ हिंड्ने दिन
परालको गुन्द्री बिछ्याएर - चोक/चोकमा
घाम तापिरहेका थिए हँसिला वृद्ध र बालकहरू
खर्पनमा सूर्य/चन्द्र बोकेर
ओहरदोहर गरिरहेथे किसानहरू - बाटोमा
त्यसै बेला - धारामा अञ्जुली तेर्स्याएर
तिर्खा मेटिहिंडेको थियो - दूर गाउँबाट आएको बटुवा
र व्यस्त थियो धिमेबाजा लयबद्ध - गुनगुन

मानिसहरू भन्छन् - किन फर्केन होला योगनरेन्द्र ?

तर कसलाई थाहा कि
धेरै वर्षपछि फर्केको थियो ऊ अर्कै भेषमा !
भित्र पस्न खोज्दा रोकेको थियो द्वारपालेले उसलाई
भनेको थियो -
कसैलाई जान अनुमति छैन महाराजको शयनकक्षमा

अनि फर्केर ढुङ्गा छापिएको आँगनबाट
टोलाएर हेरेको थियो उसले पाटनको अग्लो कृष्णमन्दिर
र आफ्नै मूर्तिमाथिको स्थिर चरा

त्यस दिन
खासमा रोएको थियो उसको मन
देखेर - मानिसको संवेदनाझैं सुकेको ढुङ्गे धारा
पाटी भत्काएर बनाएको पाषाण भवन
क्यारेमबोर्डको घारमा
मौरीजस्तै झुम्मिएका बेरोजगार युवाहरू
बिर्सँदै गएको एक महान् संस्कृति र उज्यालो सभ्यता

अनि हिँडिदिएको थियो ऊ
विरक्त भएर - कुनै अज्ञात यात्रामा

दोहोरिएको छ उही किंवदन्ती गाउँ-गाउँमा

शहर/शहरमा/घरका कुना/कुनामा
पर्खिरहेका छन् बिछ्यौनाहरू
र प्रेमले पकाएका खानाले
प्रतीक्षारत छन् परेलीका ढोकाहरू खुल्दै/उघ्रिँदै

कठै कसरी बिरानो भयो आफ्नै मुलुक !

आज पनि - खानीमा/खाडीमा
कतै मरूभूमि/बन्दरगाह र कारखानामा
संसारभरि यत्रतत्र
हरियो पासपोर्ट गोजीमा राखेर
हराइरहेछन् - लाखौं योगनरेन्द्रहरू !

(पाटनका राजा योगनरेन्द्र मल्लको शिरमा चरा भएको सालिक पाटन दरबारअगाडि देख्न सकिन्छ । यो चरा उडी नगएसम्म म जिउँदै हुनेछु भनेर उनले भनेका थिए रे भन्ने विश्वासले अहिले पनि कोठाको झ्याल खुला राख्ने र शयनकक्ष तयार गर्ने प्रचलन छ ।)

जलतरङ्ग

धुपीको बोट भएर – ५३

झरीमा मनपन्छी – ५५

इनार – ५७

एकान्तकुना चक्रपथमा : एक रङ्गमञ्च साँझको – ५८

उडान – ६१

बिर्सेको भए पो सम्झिनु ! – ६२

दिनदर्शन – ६४

छाता – ६६

मन्दिरको घण्टी – ६८

आफैँबाट हराएकी सिल्भियालाई
एक कोमल प्रश्न – ७०

धुपीको बोट भएर

म ओइलिन्नँ कहिल्यै
भइरहन्छु सदैव हरियो - निहुरिन्नँ सानै हुरीले

मेरा कलात्मक पातहरूमा
प्रकृतिको सीप छ पोखिएको
जहाँ अल्झिन्छन् झरीमा पानीका थोपाहरू
र टल्किबस्छन् -
वर्षौंपछि बिनाखबर ढोकाअघि उभिएको प्रिय खसमलाई देखेर
गालामा बगेका खुशीका आँसुझैं
- कुनै स्वास्नीमानिसका

चर्को घामको फोहरा खसिरहँदा आकाशबाट
मेरो फेदमा सुस्ताउनेलाई
मैले दिएको छु शीतल छाया
मेरो निधारमा चुमेर जाने आत्मीय बतासलाई
मैले पनि अर्पेको छु न्यानो आलिङ्गन र भनेको छु
- फेरि फेरि भइरहोस् भेट जीवनभरि

यी जराहरू फैलिएका - मेरा विश्वास हुन्
यी हाँगाहरू उचालिएका - मेरा आशा र सपनाहरू हुन्
म जिउँदो छु

हृदयमा प्रेम र करुणाको हरियो साँचेर
मेरो चुपचाप उभिनु -
उमङ्गको दर्शन हो, एकान्तको संवाद बुझ्नेलाई !

तिमी फर्केर आउनू कुनै दिन यो बाटो
ठीक यहीं हुनेछु म
वर्षौंवर्षसम्म - हरियो धुपीको बोट भएर ।

झरीमा मनपन्छी

झ्यालमा आएर बसेकी होली, झरीमा - सम्झिन्छु !
झ्यालमा आएर बसेकी होली झरीमा - सम्झिन्छु !!

धुलो/मैलो पखालेर नुहाएका बाटा र मोडहरू
सडकछेउ बगेको कुलेसो
खुशीले हो कि/विरहले रोइरहेको बलेसी
पखेटा फट्फटाइरहेको जुरेली वा यस्तै केही हेर्दै

"मलाई त कस्तो मनपर्छ - यो झरी
हजुर पनि सँगै हुनुभएको भए... !"
भुलभुल उसको आँसुको जरूवा वा यस्तै केही सम्झिन्छु

तस्वीर खिच्दै - अविरल झरीमा
तपोवन/वसन्तपुर/कि पाटन दरबार स्क्वायर
सँगै लागेको ओत/आधा भिजेको जिउ

वा कुनै दिन साँगामा/झ्यालको सिसामा लागेको बाफ
पुछिदिएको निधार/धोइदिएको मुहार
गुनगुन संवाद - शान्त कोठाको
कति/कति बेला/आँखैभरि/गालैभरि - झरी

अनि घामपानीजस्तो भएर फेरि - विचरण गरेर
मीठो अतीतको हरियो चउर डुल्दै होली - सम्झिन्छु

काला/सेता - खेलाडी बादलहरू यताउति उफ्रिरहेका
तप्त देह/तातो श्वास/रेल छुट्लाजस्तो हतार
अशान्त/एकाकार/निर्लिप्त
बगिरहेको नदीमा मिसिन्छ थोपा
प्रेममा मिसिन्छ प्रेम - बर्खामा हरियाली मिसिएझैं

आफूलाई नै खन्याएर - हृदयसँग जोडिन्छ हृदय
र उसको आँखाको आँगनमा
उफ्री/उफ्री नाचिरहेको मेरो खुशीको मयुर !

झरी परेको बेला/सधैं-सधैं
गुलाबी छाता आफ्नो प्रार्थनाको ओडाएर उसैले
किनारै/किनार हिंडाइरहेकी मलाई - सम्झिन्छु

यहीं कतै - झ्यालका पर्दा
सुस्तरी हल्लाएर गएको बतासले
शुभ-साँझ हजुर ! सम्झिरहन्छु... भनेकी होली - सम्झिन्छु

झरीमा - झरेको होला बर्सादी याद - यस्तै के-के सम्झिन्छु ।

इनार

कति खसे सामान - यो इनारमा !

अस्ति भर्खरै - पानी भर्ने बाल्टी
कहिले चम्चा/कहिले औंठी/कहिले कचौरा
सिक्का र घडी पनि डुबे पटकपटक

सफा गर्छु भनेर पसेका मानिसलाई पनि
कसरी तान्छ यो इनारले आफूतिर
मुश्किल/मुश्किलले ज्यान जोगाए उनीहरूले !

तिमी हाँस्दा तिम्रो गालामा पर्छ नि जुन खोपिल्टो
त्यो पनि हो
आफूतिर तान्ने - एक गहिरो इनार !

एकान्तकुना चक्रपथमा : एक रङ्गमञ्च साँझको

दृश्यमा देखिन्छन् -
हिँड्दाहिँड्दै बाटोमा भेटिएका दुई पात्रहरू

"धेरै पछि पो भेट भयो संयोगले
अहो ! कति दुब्लाउनुभएको हजुर
सञ्चै छ ?
यी यसरी भेट हुनुरहेछ अचानक !"

हाँगामा अल्झेको पन्छीको चङ्गा
भुरुरु उडिजान्छ कता/कता
चैतको किशोर हुरीले
उडाउँदै धुलो - अलि पर घुमाउँछ समयको भुरुङ

"म त खुशी छु/एकदम खुशी
पढाउँछु युनिभर्सिटीमा - व्यस्त हुन्छु बिहानैदेखि
एक रोपनीमा घर छ सानेपामा
बिदाको दिन गोडमेल गर्छु बगैंचा
पानी हाल्छु बोटहरूमा/बरू आर्ट मुभी हेर्छु फुर्सदमा

तर चलाउँदिनँ फेसबुक/भाइबर केही चलाउँदिनँ
म सम्झिन्नँ कसैलाई/कसैलाई मिस पनि गर्दिनँ ।"

पारि डाँडामाथि
आदिनाथको मन्दिर भएतिर उड्छ बादलको जहाज !

पश्चिमतिर सर्दै/सर्दै जान्छ - घाम बटुवा
रित्तो/रित्तो बाटोमा
टाढा देखिन्छन् - हिंड्दै गरेका अपरिचित पैदलमार्गीहरू

"हजुरको एलर्जी कस्तो छ अचेल ?
दाह्री काट्दा काटिन्छ अनुहारको कोठी अझै ?
सपनामा कत्ति देखिरहन्थेँ/सपनामा...

नखानू कफी धेरै - निद्रा लाग्दैन/प्रेसर बढ्छ
कस्तो लापरबाह बानी छ/हजुर त फकीरजस्तो
कहिले त केटाकेटीजस्तो
जहाँ भए नि आफ्नो ख्याल गर्नु है !"

जडवत् ढुङ्गाको मूर्ति अर्को - नबोली यता छु !

हिउँदको बेला हिमालतिर -
साना कुण्डमा हिउँजस्तो भएर
ओठमा जम्छन् शब्दहरू/भासिन्छ आवाज
खासमा कठिन समयमा के भन्नु के भन्नुजस्तो
एकदम पत्थर दिल भइजानुजस्तो !

र लामो मौनताको आकाशे पुल
उभिन्छ दुई जनाको बीचमा र भुलिन्छ बाँकी संवाद

अन्तिम दृश्यमा -
साँझको कलिलो प्रकाश फैलिएर
क्लोज-अपमा देखिन्छ एक उदास स्त्री अनुहार
अनि कता/कताबाट
निस्किन्छ मुश्किलले वाक्य यताबाट - "ल है, फेरि भेटुँला !"

अनि बिस्तारै
चक्रपथ र वरिपरि खस्छ - साँझको रङ्गीन पर्दा ।

उडान

उड्न - कस्तो मनपर्छ मलाई
अर्को जुनीमा चरा हुन्छु म त
ऊ माथि आकाश/आकाश हुँदै
उड्छु कहाँ हो कहाँ

डुल्छु -
जङ्गल/पहाड/नदी र बगैंचामा

खेल्छु -
खेत/खलियान/काल्ना र बारीमा
गाउँछु - आफ्नै प्रिय गीत/नाच्छु आफ्नै नाच
म घुम्न चाहन्छु - कुना/कुना पृथ्वीको

किन पर्खिनु त्यति लामो समय - सिङ्गो जुनी
मन छ भने अहिले नै बन चरा
यो निस्सीम धर्ती/आकाश - उड्नेहरूका लागि हो !

पखेटा ???
पखेटा त आफूले बनाउने हो !

बिर्सेको भए पो सम्झिनु !

आवेगमा - तिमीले
जलाउनेछौ जतनले राखेका पुराना पत्रहरू !

झिक्नेछौ जीवनकथाका कुनै बेलाका साक्षी
अल्बमका फोटाहरू
र च्यात्नेछौ पैसा तिरिसकेपछिको तमसुकझैं
टाढा फ्यालिदिनेछौ - प्रेमले दिएको उपहार
जो खस्नेछ कुनै घाइते चराझैं खुत्रुक्क - बाटोछेउ

मनमनै प्रण गर्नेछौ
एक छिनअघि लेखेको सूत्रलाई बोर्डबाट
गणित शिक्षकले मेटेझैं - सरक्क मेटिदिन्छु उसको नाउँ

एकछिनमा
साँझमा - सर्दै/सर्दै गएको घाम देखेर
सम्झिनेछौ आफ्नो पहेँलो पछ्यौरी/जसले
पुछिदिएकी थियौ कुनै दिन उसको निधारको पसिना

पूर्व आकाशको एक्लो तारा
वा हरियो आवरण भएको कुनै पुस्तक
घर फर्किरहेको मानिस
कि मध्यरातमा झ्यालको चेपबाट चियाइरहेको चन्द्रमा

जे देख्नेछौ -
त्यसैमा गाँसिएर आउनेछ सुन्दर अतीत

सजिलै बिर्सिन सकिने मानिस होइन ऊ !

चैत आउनेछ -
चल्नेछ हावाहुरी/उड्नेछ धुलो
आँखा/आँखामा बिझ्नेछ स्मृति परेलामा अल्झेर
वैशाख आउनेछ - ऊ जन्मिएको महिना
हरियो पालुवा देखेर सम्झिनेछौ तिमीले कलिलो प्रेम
हिउँदको ठिहीले सम्झाउनेछ एक कठिन विरह
र पारिलो घामले न्यानो स्पर्श

जेसुकै भन - जहाँसुकै जाऊ
उसको हृदयबाट निस्कने निर्दोष आवाजको पवित्र सौन्दर्यले
परास्त हुनेछन् -
अरू मानिसप्रति सम्पूर्ण आकर्षण तिम्रा लागि

फेरि सम्झेर उसलाई फर्किनेछौ उही बाटो !

बाटैमा भेटिएर/किञ्चित आश्चर्यमा सोध्नेछ उसले -
बिर्सिहिँडेकी मानिस
कसरी सम्झना गऱ्यौ त आज ?

र तिमी भन्नेछौ -
अहँ सम्झिनँ कहिल्यै, बिर्सेको भए पो सम्झिनु !

दिनदर्शन

बिहानमा -
मेरो पछिपछि आउँछ छाया
पछ्याइरहन्छ मेरो देहलाई
मानौं - म कहिल्यै एक्लो हुनेछैन

म एक यात्री - हिँडुँला तृष्णाजस्तो उकालो भएर
छिचोलुँला -
टाढा देखिने सङ्घर्षका पर्वतहरू/चुचुराहरू
टेकिहिँडुँला -
पाइताला छेड्ने तीखा काँडाहरू/पातहरू
पत्थरहरू/चिप्लो बाटो/दोभानमा बगेको सङ्लो पानी

साँझ/साँझमा - अस्ताउला सम्झनाजस्तो घाम
गुँड/गुँडमा - आइपुग्लान् टाढाबाट पक्षीहरू
गोठ/गोठमा - फर्किएलान् चरन/चरनबाट चौरीहरू

म खोजुँला बास यतै कतै
कुनै रूखमुनि वा दयालु मानिसको घरको पिँढीमा
आकाशको कुनै कुनामा टिल्पिलाइरहेको तारा हेर्दै
बिताउँला सिङ्गो अनिदो रात

दिनभभरि सँगै हिंडेको सहयात्री छाया
जति नै म खोजूँ - हराउला रातभरि अँध्यारोमा

जेसुकै होस् - जीवन त आखिर चलिरहन्छ !

म हिंडुँला अँध्यारो सङ्कटको बाटो एक्लै
उज्यालो मात्र त होस्
भेटिएला छाया
हिंड्दा - हिंड्दै कहीं फेरि बाटो/दोबाटोमा !

छाता

एक दिन -
हतारमा कुदिरहेका धावक मेघ मल्लार
रिसले मुरमुरिएझैं आकाशको कालो/नीलो अनुहार
झिलिक्/झिलिक् धनुकाँड खेलिरहेको बादल देखेपछि
केटाकेटी स्कूल पुऱ्याउन हिँडेको
जिम्मेवार गृहस्थझैं भएर
छाता पनि निस्किएको थियो मानिससँगै - घरबाहिर

एकै छिनमा - गरेको थियो झरीले घोचपेच
थोपा/थोपाको चलेको थियो हमला
यस बेला - बलैंसीमा उठ्दै र फुट्दै गरे फोकाहरू
कुल्कुल/कुल्कुलाए कुलेसाहरू
तर छाताको छानो हालेर हिँडिरह्यो यात्रा - निश्चिन्त

अर्को दिन - चर्को गर्मीले लत्रेका थिए बिरूवा
हाँगाको छायामा ओत लागेका थिए चराहरू
आकाशबाट मानौं - बर्सिरहेथ्यो तरल फिलिङ्गो
बाटो नै मानौं - पग्लिरहेथ्यो तातोले

फेरि सँगसँगै हिंडेको थियो छाता
जोगाएको थियो चर्को धूपबाट
दिएको थियो - केही भरोसाको शीतलता

यसरी प्रतिकूल मौसमको सङ्कटमा
सधैं सँगै थियो छाता
घाममा/झरीमा
उकालो/ओरालोमा/उज्यालो/अँध्यारोमा
मोड/घुम्तीहरूमा - आफूले सहेर सबै-सबै प्रताडना
ओत दिएको अभिभावकजस्तो भएर
अङ्गालो दिएको मायालुजस्तो छाता
एक दिन छुटेको बेला बिसौनीमै
आ... होस् है त्यो पुरानो छाता अब !

हावा/हुरीले करङ बाङ्गिएको
अरूको सुरक्षा गर्दागर्दै आफ्नै यौवनको रङ खुइलिएको
दुःखको बेला बास दिएको आश्रमजस्तो छाता
कठै ! यसरी छोडिएको थियो - आधी बाटोमा ।

मन्दिरको घण्टी

अचेल त म
एकदम निर्जन तलाउजस्तो
सुनसान बाटोजस्तो/कोही नहिँडेको बञ्जर जमिनजस्तो
आफैँले नचिनेको/अपरिचित भइहालेँ

एकदम शान्त/आर्यमौन पालना गरिबसेको
विपश्यनाको साधकजस्तो भइसकेँ

आफ्नै पनि माया लाग्दैन अचेल
बरू कहिलेकाहीँ अरूको लाग्छ
(धेरैजसो तिमीलाई सम्झिन्छु र तिम्रो लाग्छ !)

त्यसो त
जहाँ पुग्छु/पुग्छु भनेर बग्ने त - गण्डकी हो !
बाटो हिँड्नेलाई पुग्ने मुकाम छ - जिन्दगी हो !

तर यता, खाना खाइसकेर रातमा
गफिन आउँछन् बटुवा कहिलेकाहीँ
र लाग्छन् झिसमिसे बिहानमा आफ्नो बाटो
जब कहिलेकाहीँ खेल्दै/खेल्दै केटाकेटी आइपुग्छन्

रङ्गीन हुन्छ आँगन
तर हिंडिहाल्छन् उनीहरू - साँझ हुनुअघि

यति ठूलो संसारमा पनि म कत्ति एक्लो हगि !

तिमीले बजाएपछि बज्छु म - मन्दिरको घण्टी
बतासमा बगिजान्छु - टिङ्टङ/टिङ्टिङ्
नत्र त चुपचाप एक्लो/फगत एक्लो
झुन्डिरहन्छु/नबोली बसिरहन्छु
र मौनतामै खर्च भइजान्छ - अमूल्य जीवन मेरो ।

आफैँबाट हराएकी सिल्भियालाई एक कोमल प्रश्न

लामो अन्तरालपछि पनि उस्तै रहिछौ तिमी त !

अङ्ग/प्रत्यङ्ग
सुन्दरता र भरिलो देह - उस्तै
उस्तै - उज्यालो अनुहारमा प्रस्ट देखिने ओठमाथिको कोठी
हावामा फर्फराउने चम्किलो रेशमी केश - उस्तै

साँझमा -
मानौं झुपडीमा बलिरहेछ टाढैबाट देखिने दियो
तिम्रो आँखाको नानीभित्र उज्यालो/मोहक चहक उस्तै
जङ्गलमा - घाँस काट्दै
मानौं गाइरहेछ घाँसियारी र गुन्जिरहेछ मीठो लय
उस्तै - तिम्रो आवाज/अझै उस्तै !

कमलो भावुकता तिम्रो
र छिनछिनमा बजिरहने हाँसोको मुर्चुङ्गा सम्झिरहन्थें म
वर्षौंपछि/अचानक यसरी
तिमीलाई भेट्दा - मेरो त खुशीको सीमा नै रहेन !

सम्झना छ तिमीलाई
बास फर्केका चराहरू र गोधूलिमा तिनको घरझगडा ?
शहरछेउको उद्यानमा त्यो ठूलो सिमलको रुख
त्यसको गोलो छायामुन्तिर बसेर
छुट्नुअघि गरेको हाम्रो अन्तिम संवाद सम्झिन्छ्यौ ?

सधैँभरि
मेरो स्मृतिमा हिँडिरहन्थ्यो - एक धमिलो आकृति
छुटेर गएको उदास अनुहार/भरिएका गह
गुन्जिरहन्थ्यो -
बिदाइको अघिल्लो रात तिमीले गाएका हरफहरू
- माइ हार्ट विल गो अन्...
- माइ हार्ट विल गो... अन्... !

यो सबै सम्झेर
के बताऊँ मेरो हृदयले कसरी गर्थ्यो पुकार !

उस्तै छ - बाहिर हेर्दा सबै/सबै उस्तै तिम्रो
तर यसरी
तिमीसँग आमने/सामने बसेर गफिइरहँदा
खोजिरहें उही चपलता/मलाई त तलास भइरह्यो तिम्रो नै
र पटक/पटक तिमीलाई खोजिरहें - तिमीमा

किन मौन छौ
यहाँ त छँदै छैनौ, कहाँ छौ त्यो सिल्भिया तिमी ?

वायुनृत्य

अन्तर्यात्रा - ७५

सानो कुरा - ७७

कायानुस्मृति - ७९

माहुरी - ८१

सुनको मृग - ८३

मुक्तिगीत - ८५

सङ्ग्रहालय - ८६

निर्माण - ८८

समयपरी - ९०

उदास भइरहेको अभिन्न मित्रसँग पाटनको
एउटा क्याफेमा एक दिन - ९२

अन्तर्यात्रा

माथि/माथि उडिरहेका
एक हूल ब्रह्मकुमारीझैं मेघका सेता/सेता टुक्राहरू !
कुन बाँझो धर्तीलाई भिजाउनु छ ?
आकाश हेर्दै
पर्खिबसेको कुन किसानलाई खुशी लिएर जानुछ ?

तल - कहीं दूरबाट
गोरेटो/बाटो/राजमार्ग/राजमार्ग
मोड/घुम्ती/अनेक/अनेक स्टेसन हुँदै आएको
आश्रमको झ्यालबाहिर चुपचाप हेरिबसेको
- यायावर म

यहाँ -
वैराग्यको पछ्यौरी फर्फराइरहेको बार्दली मन
मध्याह्नमा - झमझम झरीको सितार
हावा/हुरी र रूख - पातको भरतनाट्यम्
कुनै वृक्ष नभएको
तर चट्टानै चट्टानको जैनमुनि पहाड
सन्यासी घाम वा एकदम - रमण महर्षिझैं मौनता !

त्यो खटखट/खटखट
खटखट/खटखट रेलको त उहीं छोडेर आएको हुँ
स्टेसनमा - उहीं छोडेको हुँ मध्यरातको चहलपहल
निद्रा नै ब्युझाउन ध्वनि
- चिया/पानी/कफी-कफी !

दृश्यहरू -
भेट/बिदाइ /अङ्कमाल
मानिसहरूको ओहोरदोहोर
संवाद र छुट्नुअघि बिदाइमा हल्लिरहेको हात

लिएर आएको हुँ
केवल एक स्मृति कि कसले हेरेको थियो
टोलाएर ट्रेनको झ्यालबाहिर
अनि ओर्लेर एक्लै हराएको थियो
- स्टेसनको व्यस्त भिडमा

को हुँ म ?
आएको कहाँबाट/जानु छ कुन सफर ?
कुन बाटो/कुन ट्रेन/कुन स्टेसन ?
यो कुन बास हो मैले बसेको ?
कुन यात्रा हो मैले हिंडेको ?

कतै शुभसङ्कल्प
प्रेम, शान्ति र धैर्यको - हृदयमा फैलिरहेछ प्रकाश !

एउटा मौन यात्रा - आफैंभित्र
यो आत्मालाई अब
झरीले पखालेर गएको कञ्चन आकाश हुनु छ ।

सानो कुरा

अचानक - बाटोमा भेटिएर
पुरानो मित्रले अल्झाइदिनु दश मिनेट
छुट्नु तय भइसकेको बस
र त्यसैले -
अर्को बसमा हुनु नयाँ मानिससँग भेट
र सँगै सिटमा यात्रा गर्दा
बाँधिनु - अन्तरङ्ग/गहिरो सम्बन्धमा

कुनै बेला बोल्नु बिझाउने एउटा वाक्य -
लगाइदिनु गहिरो घाउ
र भत्किजानु वर्षौं लाएर बनाएको प्रेमको पुल
सलाईको सानो काँटीले जलाएझैं - एक ठूलो गाउँ !

जस्तो कि भेटिन्छ एउटा मानिस कुनै मोडमा
र फेरिन्छ जीवनको यात्रा !

असल हुनु/खराब हुनु/भेटिनु/हराउनु
वा खुशी हुनु/दुःखी/उदास हुनु
सबै/सबै निर्भर हुन्छ - ससाना कुरामा

एक कल फोन/मोबाइलको एक मेसेज
एक हरफ कविता/प्रिय मानिसको सानो नाउँ
किताबको चेपमा भेटिएको मयुरको प्वाँख - सानै कुरा

हृदयबाट निस्केको एउटा मीठो वाक्य
वा प्रेमले दिएको सम्झनाको उपहार - सानो कुरा
छुट्टिँदा खसेका दुई थोपा मनतातो आँसु
वा भेटिँदा
ओठमा कोरिएको मुस्कानको पातलो धर्सो - सानो कुरा !

सानो कुरा - धेरै सानो कुरा !

भाङ पिएको किशोरजस्तो जून
धङ्धङाउदै हिँडनु आकाशमा - सानो कुरा

कहिले बन्नु हिउँचुली चाँदीको/कहिले सुनको
पन्छीहरू लहर मिलाएर उड्नु साँझमा
वा सलामी दिन उभिएका सैनिकजस्ता रुखहरू हेरेर
हिँड्दाहिँड्दै मग्न भइदिनु बटुवा - एकदमै सानो कुरा

ठूलोभन्दा पनि ठूलो हुन्छ - सानो कुरा !

भेट्नु यिनै ससाना कुरामा असीम आनन्द
- हो एक महान् जीवनकला

मानिस भौंतारिरहन्छ ठूलोको खोजीमा
तर खुशी लुकेको हुन्छ - ससाना कुरामा !

कायानुस्मृति

यहींबाट - म हेर्न चाहन्छु मौनताको गुञ्जन
नतान कृपया
कुनै खराब युद्धमा सामेल नगर मलाई !

म यहीं छु/ठीक छु
नलैजाऊ -
भीडको नदी बगिरहेको
क्रय/विक्रय चलिरहेको व्यस्त बजारमा मलाई

छु - बगिजाने बैमानी बतासको स्पर्शले एक्लै नाचिरहेको
निर्जन डाँडाको लहराजस्तो/पातजस्तो/एकान्तको गुम्बाजस्तो
पहाडको चेपमा भुल्भुल/भुल्भुलाउँदै बगिरहेको/ससानो खोलीजस्तो
- मलाई यही जिन्दगी प्रिय छ !

यहाँ अनित्य छन् सबै कुरा
- आँखा खोलेर हेर्दा फुलिसक्छ कपाल
- निधारमा पर्छ चाउरी/हराउँछ बैंस
- हेर्दाहेर्दै झरिसक्छ ढकमक्क फुलेको सयपत्री

र त मौन/मौन
एकालापको ग्रन्थ एकाग्र भएर पढिरहेको छु
छिनछिनमा फेरिँदै गएको दृश्य अनवरत हेरिरहेको छु म

मलाई जानु छैन त्यता, जहाँ -
तृष्णाको धनुकाँड तेर्स्याएर बसेको छ पीडक समय
कुन बेला आउछ र ढुङ्छु भनेर
फणा उठाएर बसेको छ - सर्पजस्तो अहङ्कार
मैले त खोजिहिडेको छैन लोभले
        - कुनै सर्वोच्च टाकुरो !

जसरी - पुरानो हुँदै झर्छन् पातहरू रूखबाट
जसरी - बिहानमा उदाउँछ सूर्य र अस्ताउँछ साँझमा
जसरी - बदलिरहन्छ मानिसमा चित्तको स्थिति

जसरी/जसरी/जसरी
फर्किन्छ - बास बसेको पाहुना
जसरी/जसरी/जसरी -
हुन्छ - बिहान/साँझ/रात
जसरी/जसरी/जसरी -
हराउँछ यौवन र जीर्ण बन्छ काया

आँखामा लागेको भ्रमको जालो हटाएर
यहींबाट - हेर्न चाहन्छु म होसपूर्वक
कसरी बदलिरहेको छ दुनियाँ - छिनछिनमा ।

माहुरी

माहुरीले
बटुल्दै हिँड्छ फूलको रस
चहार्दै हिँड्छ भीर/पाखा

तोरीबारी/झ्याङ र पहेँला बुट्यानहरूबाट
बुँद/बुँद जम्मा गरेर
बनाउँछ रसिलो चाका
र उसैको पसिनाको मिठासले भरिन्छ - मह

ज्यानै जान सक्छ - मनोहारी फूलको बन्धनमा
बाटो हराउन सक्छ - साँझको जङ्गलमा
तर कहिल्यै थाक्दैन माहुरी
सबै जोखिम लिएर उसले जम्मा गरिरहन्छ - रस

अचानक - मिर्मिरेमा एक दिन
धारिलो हतियारले काटिन्छ महको घार !

भुनभुन/भुनभुन... !
चल्छ जुलुस - निहत्था माहुरीहरूको
तर बसेर कतै अँध्यारो कोठामा

मह काढ्नेले एक्लै हात चाटिरहन्छ !
तर जसले बनायो, उसको आँत फाटिरहन्छ !!

पटक/पटक
यसरी लुटिए पनि निर्ममतापूर्वक/ठगिए पनि
रस बटुलेर मह बनाउने कला भएको
कालीगढ माहुरीले फेरि लगाउँछ घार
जङ्गल/तोरीबारी
र भिर पाखामा घुमेर उसैगरी बनाउँछ - रसिलो मह

यो विराट जगत्मा -
माहुरीको कलाचाहिँ कसैले खोस्न सक्दैन !

सुनको मृग

जीवनभर कुदिरहेको हुँदो रहेछु

भीडमा - एक्लो/फगत एक्लो भएर
एकान्तमा - रहरहरूको जुलुसै/जुलुस बोकेर
बहुमूल्य सामान छुटेर हतारमा फर्किरहेको यात्रीजस्तो
- सधैं/सधैं दौडिरहेको हुँदो रहेछु

स्वर्गबाट झरेका टुक्राजस्ता
हरिया फाँटहरू हेर्दै मग्न भएको हुनुपर्ने म

साँझमा रङ फेरिरहेका हिउँचुली
र निर्मल ताल हेरेर सुस्ताएको हुनुपर्ने
वा हाँगा/हाँगाबाट पोखिएको कलरव
कि अनवरत बगिरहेको नीलो नदीको
राग - गायन सुनेर रमाएको हुनुपर्ने

सम्झिन भ्याएको हुनुपर्ने - आफू जन्मेको घर
पढेको स्कुल/बाल्यकालमा सँगै खेलेका साथी
चिप्लिएको गोरेटो/छाया बसेको चौतारी
र अक्षर सिकाएको गुरु

बिहानमा -
गुम्बाको प्रार्थना वा बजिरहेका घण्टाहरूको ध्वनि सुनेर
जलिरहेका दियो कि घाम ओढेका संन्यासी पहाड देखेर
सोचेको हुनुपर्ने - कहाँबाट आएको म
- जानु छ कहाँ ?
यो चलिरहेको श्वास के हो ?
- यो देखिएको रङ्गमञ्च के हो ?
- अस्तित्वको आभास के हो ?
कति जन्मदेखि हिँडिरहेछु म
यो पृथ्वी नामको विशाल पाटीमा बास बस्दै ?

म त झन्/झन्
बेगवान् उडिरहेका तृष्णाका चराहरू पछ्याउँदै
कि एक नाम होस् मेरो - भन्दो रहेछु
खुम्च्याएर संसारको विशालता
क्यारमको बोर्डझैं चारआना जमिनको
- गोटी भएको हुने रहेछु

आफूतिर फर्केर हेर्न बिर्सेको म
कामनाका पुतलीहरूले भ्रमित भएर
अनेकौं सुगन्ध खोज्दै हिँडेको हुने रहेछु

बिर्सेको हुने रहेछु - जिउनुको अर्थ
नहुनुपर्थ्यो तथापि
अघि/अघि दौडिरहन्छ सुनको मायावी मृग
पछि पछि म - राम भएको हुने रहेछु !

(वनबासमा रहेका राम स्वर्ण मृगको पछि लागेर छलमा परेको कथा रामायणमा उल्लेख छ ।)

मुक्तिगीत

अवश्य बन्छन् -
कदाचित् भत्के भने यी दूरगामी बाटाहरू

फेरि निर्माण हुन्छन् - यी लमीजस्ता झोलुङ्गे पुल
यी सुडेनीजस्ता अस्पताल/अभिभावकजस्ता स्कुलहरू

गुमाऊ बरू सपना/हराऊ बरू उचाइ
रङ्गीचङ्गी पुतलीपछाडि दौडेर
नभेटे जत्तिकै एकछिनलाई - उदास हुनु न हो

गुमाऊ - अनित्य यौवन
वा फेरि कमाउन सक्ने समृद्धि
बिर्सेर जाऊ - मान/सम्मान/जस/अपजस
ईर्ष्या/द्वेष/आवेगहरू

प्रेम/घृणा र - यावत् अनुभूतिहरू
बोकेर भारी कुनै भरियाले झैं
फेरि कुनै अर्को पिंढीमा बिसाउनु न हो !

जसरी बाँच सांसारिक जीवन
शिक्षक/कर्मचारी/नेता बन वा कलाकार
कि बन - खेतबारीमा पसिना चुहाइरहेको किसान
तर हृदयभित्र सर्वदा बनिरहनू मुक्त मानिस

असली स्वतन्त्रता त आफैंभित्रको हो ।

सङ्ग्रहालय

ए मानिस !
ओ पर्यटक !

पृथ्वी हो - एक विशाल सङ्ग्रहालय
जहाँ छन् - पुर्खाले चढेका भन्याङ हिमालहरू
पौडी खेलेका नीला समुद्र
साधना गरेका रहस्यमय गुफाहरू
र पहरा पर्वतहरू - उस्तै/दुरुस्तै

उसैगरी छन् -
सूर्य/चन्द्रमाका पुरातात्विक सिक्काहरू

हिउँको जलप अलिक झरेको छ शिखरबाट
सुक्दै गएको छ - नदीको निर्मल जल
लोप हुँदै गएका छन् - बाँच्नुपर्ने मायालु पुतलीहरू
र पुराना जनावर कतिपय - त्यो अर्कै कुरा

तर उसैगरी टल्किरहन्छ - टलक्क
घामको ऐतिहासिक तरबार आकाशमा
दगुरिरहन्छन् - बादलका शिशु पाइतालाहरू यताउति

जसरी करोडौं दर्शकहरू
आएर फर्किसकेका छन् यसअघि नै
हामी पनि हौं पर्यटक - यो अद्‌भुत सङ्ग्रहालय घुमिरहेका

मानिस ! ए मानिस !!
पर्यटक ! ओ पर्यटक !!

निर्माण

कि बगाउनू पसिना
कि बगाउनू आँसु !

बग्यो पसिना भने - त्यसका एक/एक थोपाहरू
पत्रै/पत्र तरेली भएर खस्नेछन्
पौरखको उर्वर भुइँमा
र उम्रिनेछन् - रङ्गीबिरङ्गी फूल भएर

त्यसमध्येकै एउटा रातो गुलाफ टिपेर
हातमा नचाउँदै/नचाउँदै तिमी भन्नेछौ -
अहा, कति रङ्गीन छ जिन्दगी !

पसिना नबगाउनेले बगाउनुपर्नेछ - आँसु कुनै दिन !

आँसुको अम्लीय नदीले अनि
सुकाइदिनेछ - आशाका रुख/पात र जराहरू
ढाल्नेछ - आकाङ्क्षाका कलिला बिरुवा
आँसुको बेताल बाढीले
बगाइदिनेछ परिचयको अनमोल घडेरीलाई पनि

भेलमा डुब्दै गरेको रहरको बाली देखाउँदै
तिमी भन्नेछौ - अहो, कति कठिन छ जिन्दगी !

पसिना नै बगाउनू !

त्यसपछि टकटक टापहरू बजाउँदै आउनेछन्
सपनाका वायुपङ्खी घोडाहरू
चढ्नू - तिनीहरूको मालिक हौ तिमी

तिमी नै हौ तिम्रो जीवनको - असली निर्माता !

समयपरी

त्यस साँझ -
कहाँ चिन्यौ र तिमीले उनलाई !

बन्द कोठामा एक्लै फिटिरहयौ अहम्को तास
पिइरह्यौ आत्मकेन्द्रित भएर भ्रमको मदिरा
र त समयमै खोलेनौ - मूल ढोका

झ्यालबाट चियाउँदा देख्यौ -
मैला कपडा/नमिलेको सप्को/लट्टा परेको कपाल
चिरा परेको कुर्कुच्चा/एकदम सुकेको शरीर
जीर्ण/जीर्ण निन्याउरो अनुहार
सुन्यौ - थरथर कापिरहेको अप्रिय आवाज

अनि रुखो स्वरमा कराएर भन्यौ -
"जाऊ फर्कर जाऊ
नहान ढुङ्गा मेरो व्यस्तताको पोखरीमा"

फर्क्यो त्यो आकृति/घरक्क दैलो खोलेर - घरक्क !

तर अचम्म !
पुलुक्क उसले पछि फर्कर हेर्दा
छाती चिरेर जाने आकर्षक नयन

नाकमा चम्किलो फुली
कम्मरसम्म झरेको लहराउँदो नदीझैं केशराशि
सुकोमल झिना औँलाहरू/सुन्दर - सुडौल शरीर
बिहानजस्तो मुस्कान र मुहारमा दिव्य उज्यालो

हतार/हतारमा
खोल्यौ ढोका र करायौ बिन्तीको स्वरमा -
"कृपा गरेर आऊ, स्वागत छ आऊ है !"

एकपल्ट गुमाइसकेपछि
कहाँ फर्किन्छ र अवसर पटक/पटक !

जीवनमा विरलै ढकढक्याउँछिन् ढोका - समयपरीले
त्यसै बेला गर्नुपर्छ कदर उनलाई
सादा आवरण भएको
कुनै दुर्लभ पुस्तकजस्तो हुन सक्दछिन् उनी !

उदास भइरहेको अभिन्न मित्रसँग पाटनको एउटा क्याफेमा एक दिन

तिमी भन्छौ - खुशी चाहन्छु
उदास भएँ भन्छौ
कहाँनेर के भो - के भो
जीवन त नमिलेको हिसाब भयो भन्छौ !

कुनै दिन - भोगेको हुँ मैले पनि
बन्द मुट्ठीले समाउन खोजेपछि
छुट्दै जाँदा रहेछन्
हीरा/जवाहरात वा कतिपय दौलत

फुक्छ जब हत्केला - सँगै खुल्दो रहेछ हृदयको द्वार !
देखिन्छ एक चमत्कार आफ्नै हत्केलामा
हासिल हुन्छन् कसरी - खोजेका अमूल्य वस्तुहरू

पहरोमा कराउँदा जसरी सुनिन्छ आफ्नै आवाज
जीवन हो रहेछ - हाम्रै कर्महरूको प्रतिध्वनि !
जे-जे दिँदै जान्छौं हामी अरूलाई
एक अर्थमा सम्झ कि
त्यही त्यही फर्किनेछ - आफ्नै पोल्टामा

अधबैंसे अपराह्नतिर/यो शान्त क्याफेको
रङ्गीन छातामुनि मनाउँदै - कफी उत्सव
सुदूर अतीतमा
मैले भेटेको योगीले दिएको जन्तरजस्तो एक रहस्य
तिम्रो लागि पनि - खुशी हुनुछ भने खुशी बाँड, खुशी !!

भू–यात्रा

रानीमहलबाहिर उभिएको एक यात्री – ९७

धर्तीमा चन्द्रमा – ९९

स्वप्नमण्डल – १०१

शुभ प्रभात – १०२

एक दिन – १०५

तानसेनमा तस्वीर – १०७

एक घुमन्ते चरा – नौलो शहरमा – १०९

कस्तूरी कर्णाली – १११

समुद्र मन्थन – ११३

एकालाप : रूखमुनि बिसाएको
एउटा बटुवाको – ११५

रानीमहलबाहिर उभिएको एक यात्री

गोजीमा शालिग्रामको गुच्चा बोकेर दौडिरहने
चञ्चल बालक भएको काली गण्डकीलाई एकटक हेरेर
किनारमा उभिरहेको
एक छिनअघिको लामो छाया - के भ्रम थियो ?

कुन हरफ थियो र त्यस्तो !
किताबमा डुबिरहेकी ती शान्त पाठक को थिइन् ?
पारि डाँडामा विरह गाइरहेको गाउँले को थियो ?
को थियो झुलुक्क देखिएर अलप भएको मानिस ?

सङ्लो/सङ्लो नदीमा पाउहरू चोपी
शान्त बसिरहेकी कुनै युवतीजस्तो - रानीमहलसँग
सर्रर/सर्रर बगेको
चिसो बतासले - के कानेखुसी गरेर गएको थियो ?

गोधूलिमा - टल्किरहेको पानीभरि
कसले पोखेर गएको थियो घामको रङ ?
आलमदेवी मन्दिर बसेको पहाडतिर हेर्दै
रानीघाटपारिको उकालोमा
खुइय्य सुस्केरा हालेर हिंडेको - थकित फकीर को थियो ?

जिन्दगी रामछाया, अहो ! जिन्दगी रामछाया... !

नजाने कहाँ/कहाँबाट घुम्दै आएको
आँखाले एक झलक तस्वीर खिचेर
जताबाट आएको उतै फर्किनुअघि -
रानीमहलबाहिर उभिएको त्यो कुन यात्री थियो ?

(पाल्पा, काली गण्डकीको किनारमा अवस्थित जनरल खड्गशमशेरद्वारा निर्मित रानीमहललाई प्रेमको प्रतीकको रूपमा लिइन्छ ।)

धर्तीमा चन्द्रमा

साँझमा -
आधी खुलेको झ्यालबाट मुग्ध भएर हेर्दाहेर्दै
नीलो आकासमा टहटह नृत्य गरिरहेको चन्द्रमा
खस्यो - टुक्रा/टुक्रा भएर धर्तीतिर अचानक !

खोज्दै/खोज्दै निस्किएँ म उज्यालो चन्द्रमालाई
आँगन/बारी/गोरेटो हिंड्दै
जङ्गार/दोभान तर्दै
जङ्गल/पहाड हुँदै - संसारका कुना/कुनामा

र भेटें -
खण्ड/खण्ड चन्द्रमा छरपस्ट कहाँ-कहाँ !

चन्द्रमाको
एक टुक्रा - गुरुको दीक्षा र पुर्खाको आशिष्
चन्द्रमाको
अर्को टुक्रा - आमाका करुणाले भरिएका आँखा
चन्द्रमाको
सानो टुक्रा - किसानको निधारबाट बग्दै गरेको पसिना
चन्द्रमाको
अर्को टुक्रा - कलिला नानीहरूको ओठको मुस्कान

चन्द्रमाको
कुनै टुक्रा - पुस्तक/कल्याणकारी मन्त्र र कविता

गहिरो प्रेम र शुभेच्छा बनेर
- धर्तीका ससाना चन्द्रमाहरू !
- जगमगाएको तिनको शीतल उज्यालो !

मध्यरातमा, बसेको छु झ्यालनेर अझै
नृत्यमग्न छ चन्द्रमा - उही आकारमा
- उही आकाशमा !!

स्वप्नमण्डल

सूर्यबाट चोइटिएर - एक टुक्रा
करोडौं वर्षअघि झरेको थियो अन्तरिक्षमा
र बनेको थियो पृथ्वी - सौर्यमण्डलमा

तातेको कित्लीजस्तो जमिनबाट उठेको बाफले
भरिएको थियो आकाश
र लामो समयको घनघोर वर्षापछि
भरिएका थिए पृथ्वीका गह - महासागरहरू

त्यस बेलादेखि नै सौर्यमण्डलमा
निरन्तर परिक्रमा गरिरहेको हो पृथ्वीले सूर्यलाई
उस्तै लगनले/उही अक्षमा

प्रत्येक मानिस पनि हो - एउटा/एउटा पृथ्वी
जो घुमिरहन्छ जीवनभर
आआफ्नै सपनाहरूको - स्वप्नमण्डलमा ।

शुभ प्रभात

पूर्वी क्षितिजको प्रसूतिगृहमा
भर्खरै जन्मेर "च्याहा" करायो -
राता किरणको रगतमा लत्पत् नवजात शिशु सूर्य
जग्मगायो मानिसको खुशीजस्तो उज्यालो
घर/घरका ढोकाहरू खुले
र गतिशील भएर हिंड्यो - परदेशीजस्तो समय

ब्रह्ममुहूर्तमा -
कुममा दर्ज्यानी चिह्नजस्ता चम्किला ताराहरू
छातीमा झलमल्ल चन्द्रमाको तक्मा टल्काइरहेको
बहादुर सैनिक आकाशले
सन्यास ग्रहण गरेर यस बेला
ओढिसक्यो ऋषि रामदेवजस्तो भएर - घामको पहेलो बर्को

गायो बतासले - पशुपक्षी र रुखपातसँगै मिलेर
संसारका सबै मानिसका लागि कल्याणका शीतल प्रार्थनाहरू
सूर्योदयको बेला -
दिगन्त फैलियो नयाँ रङ/नयाँ ऊर्जा !

आरोही घामका कलिला पाइतालाहरू क्रमशः चढ्न थाले
- जङ्गलै/जङ्गलका आधारशिविर
- पर्वत/पर्वतका शिखरहरूतिर

आ-आफ्ना भारी कसेर हिँड्न थाले भरियाहरू
- उकालै/उकालो
- खोलाको किनारै/किनार
- पहाडको टुप्पो र भञ्ज्याङतिर

टाढा मन्दिरमा बज्न थाले घण्टीहरू
र साँढेजस्तो पहाड जुर्मुराएर उठ्यो - सूर्योदयमा
उकालो हुँदै आउने सन्तानजस्ता बटुवालाई
आमाजस्तो भएर फैलाए वृक्षहरूले छायाको ममतामयी काख

पात/पातमा सूर्य किरणले
चित्रकार भएर पोखे अनेक रङ्गहरू
दौडिए सङ्लो/सङ्लो भएर घोडाजस्ता नदीहरू
गुँडबाट निस्केर
उड्दै सुदूर आकाशमा पुगे - तीर्थयात्रीजस्ता चराहरू

सफा पानीले धोएर तर पुछ्न बाँकी छ
- किशोरी फूलले मुख
टल्किरहेको छ टलपल-टलपल शीत !

पश्चिमतिरबाट केही घडी/क्यामरा र मेसिन
अत्याधुनिक कम्प्युटरका पार्टपुर्जाहरू

र पूर्वीतरबाट - केही ध्यान/योग र दर्शनका
प्राचीन ग्रन्थहरूको भारी बोकेर हिंडेका पानीजहाजहरू
वर्षौंपछि भेट भएका प्रेमीजस्तै - भेटिए बन्दरगाहमा

यस्तो बेला
ब्युँझनू - उठ्नू र हिंड्नू, टाढा... पुग्नु छ टाढा
ब्युँझनू - उठ्नू र हिंड्नू - टा... ढा पुग्नु छ टा...ढा
यो गतिमय उज्यालो हो - संसारमा एक कला
जीवन हो - एक अपूर्व सूर्योदय ।

एक दिन

सूर्यास्तमा - एकछिन अघि
चिप्लिरह्यो पानीजहाज र समय उसैगरी

माथिबाट हेऱ्यौं हामीले - पौडी खेलिरहेको सूर्य
क्षितिजमा देखिएका बादलका रङ्गीन चित्रहरू
पूर्व-पश्चिम फैलिएको बाटो
र कामबाट फर्किएका ज्यामीजस्ता निर्दोष पक्षीहरू

समुद्रको चिसो स्याँठ चलेर
उडाइरह्यो - तिम्रो गुलाबी पछ्यौरीको फेर
हल्लिरह्यो निधारमा खसेको कपालको गुच्छा

जतनले टिपेर राख डायरीमा आज
आनन्दले बाँचेको - यही क्षण
कुँदेर राख
स्मृतिको शिलालेखमा पङ्क्तिहरू
यो समय/यो दिनको
खिचेर राख सेल्फी - आफ्नो हृदयमा

किनकि हिजो गइसक्यो/भोलि आउनेछैन कहिल्यै
तिम्रो भन्नु त यही र अहिले हो - अहिले !

दिनहरू आउँछन् र हराउँछन् उमेरको ब्ल्याक होलमा
तथापि
वर्तमान आइरहन्छ - हजारौं/हजार दिनसम्म

सम्झ त, मात्र एक दिनले फेरिदिन्छ - जीवन
सम्झ त, मात्र एक दिनले फेरि दिन्छ - जीवन

यसैले दिनहरू - दाउराझैं बालेर नसकाऊ
खुद्रा पैसाझैं खर्च नगर
यस्तै दिनहरूले बनेको एक माला हो - जिन्दगी
एक/एक दिनको इँटाले बनेको घर हो - जिन्दगी

बेपत्ता पारिएको मुक्तियोद्धाजस्तो भएर
हराउनेछ अब यो दिन
फेरि कहाँ लेख्नेछौ तिमीले यो मिति र स्थान -
दिनाङ्क : २१ अक्टोबर २०१५, जेनेभा, स्वीट्जरल्यान्ड ।

तानसेनमा तस्वीर

कतै टाढाबाट
हिँड्दै/हिँड्दै आइपुगेको - बटुवा बाटोले
उक्लेर हेऱ्यो श्रीनगरबाट
सूर्योदयको मनोरम दृश्य
माडी फाँटका
लहलह/हरिया - रुमालजस्ता मिलेका खेतहरू

सिन्दूरे स्कार्फ काँधमा हालेर/कुम जोरी बसेका
किशोरी धौलागिरि/अन्नपूर्ण - बालसखाहरू

जङ्गल/जङ्गल/खोँच र पाखा चहार्ने
गुप्तचर हुस्सुबाट छेलिएर हेऱ्यो -
कहिले रिडीतिर
कहिले आर्यभञ्ज्याङतिर हिँडेको घुमन्ते सडक

एक फन्को लाएर कैलाशनगरको
किनारमा उभिएको सल्लाको बोटलाई
भन्यो बाटोले -
"यति सुन्दर ठाउँमा बस्ने तिमी त कति भाग्यमानी !
बाटो हुँ रोकिन मिल्दैन र मात्रै
नत्र त बसूँ-बसूँ लागिरहेछ तानसेनमा सधैँभरि !"

हिँडेर टाढा पुग्ने बाटोको हातमा
मायाको चिनो सुकेको कुसुम खसाउँदै
भन्यो उभिएको सल्लाको बोटले - मिल्ने भए म मात्र कहाँ
वर्षौंसम्म उभिन्थें र यो पखेरोमा
हिँडिरहन्थें यायावरझैं - कहाँ/कहाँ
स्वर्गद्वारीतिर/दाङतिर/कहिले धरानतिर

तानसेनमाथिको कञ्चन आकाशमा
उड्दै/उड्दै सेतो बादलले - बनायो अनेक तस्वीर
कलाकृति

यसै बेला राजा वीरेन्द्रझैं मुसुक्क मुस्कुराएर
कसैले भन्यो -
"जे हुँदैन आफूसँग त्यही खोज्छ मनको स्वभाव
तर बस्नेलाई शुभ दिन/हिँड्नेलाई शुभ यात्रा !"

एक घुमन्ते चरा – नौलो शहरमा

कति हजार वर्षपछि -
चङ्गाझैं उड्दै/उड्दै आएँ
पश्चिमतिरबाट म एक पक्षी
र अल्झिबसें - यो शहरको रुखमा

उस बेला -
कुन्नि के थियो यो ठाउँको नाउँ
यो कुनै सुरम्य गाउँ थियो
कि थियो एक ऐतिहासिक नगर
वा हरिया सैनिक वृक्षहरू
लहरै उभिएको एक निर्जन जङ्गल

कि थियो -
पेटमा झलमल्ल चन्द्रमाको
ससानो विम्ब हुर्काइरहेको एक गर्भिणी तलाउ

कुन बटुवा सुस्ताएको थियो जङ्गलमा
म बसेको रुखको हाँगामुनि - के थियो उस बेला
छहारीमा कहाँ खसेको थियो प्वाँख
हजार वर्षअघिको कुनै सम्झना छैन !

कहाँ/कुन रूखमाथि
थियो - गुँड
र कता बगेको थियो सङ्गीनी गाउँदै भरिया बतास
त्यसपछि
कति पुस्ताका खुट्टाका हातहरूले बजाए होलान्
यो बाटोको समलामा - पदचापको लय

कति/कति बग्यो होला -
सम्झेर सम्झिनै नसकिने समयको तमोर

पूर्वमा हेर्छु - सम्झनाको साँझमा
आत्मीय आकाशगङ्गाभरि
चम्किरहन्छन् चम्किला ताराजस्ता अनुहारहरू

कहिल्यै नआएको भए कसरी पहिल्याउँथें र पुग्ने बाटो
आउनुअघि नै आइसकेको हुँ म यहाँ कुनै बेला !
पहिलोपल्ट भेट हुनुअघि नै भेटिसकेको हुँ - तिमीलाई !

भोलि -
नाघेर जानु छ अब
नरोएको आँसुको नीलो नदी
उड्नु छ - ती घना जङ्गल, फाँट र पर्वतहरूमाथि

छैनन् भन्नलाई त्यसो त धेरै कुरा
र उड्नुअघि - चिर्बिर... चिर्बिर...
छाडेर जानु छ मन्त्रझैं केवल एक शब्द - धन्यवाद !

कस्तूरी कर्णाली

अर्थात् -
यहाँको उडिरहेको यो हुस्सु हो
प्रकृतिको पछ्यौरी/जो कहिले
सर्वाङ्ग छोप्छ टाकुरो/कहिले नग्न पार्छ - बैंसालु पर्वत

राष्ट्रगान बजेको बेला
उभिएका नागरिकजस्ता यी रूख -
ट्राफिक प्रहरी हुन्/जो हाँगाका
हात हल्लाएर गरिरहन्छन् इसारा - बेला/बेलामा

अर्थात् -
चित्रकारको तेल रङजस्तो यो घाम हो
साबुन/जसले पखाल्छ मैलो कालो रातको
त्यसपछि
बिहान टाँगिन्छ उज्यालो - क्षितिजको डोरीमा

यी पहाडमाथिको सफा आकाश हो -
फराकिलो चउर/बादलका भेडाहरू खेल्ने

बालकको गोजीबाट खसेर छिरोलिएका गुच्चाजस्ता
यी तारा हुन् -
पहेंलपुर तोरीका फूलहरू सगरको नीलो बारीमा !

अर्थात् -
ऊ त्यो पश्चिम पहाडको टुप्पो हो -
पोखरी/जहाँ नुहाउँछे रजश्वला भएकी
अबोध किशोरी सूर्य - झिलमिल साँझमा

यात्री हुन् -
झुम्मिएर बसेका यी बड्डा/बड्डी/जाइनहरू
जो दुःखको समुद्रमा
हेलिँदै खोजिरहन्छन् - पल्लो किनारा !

यो चौतारो हो -
पानीजहाज/जहाँ गाउँलेहरूलाई
भेला गरेर छलफल चलाउँछन् चालकजस्ता मुखियाले

अर्थात् -
स्मृतिहरू हुन्
संसार घुम्न भिसा नचाहिने मालचरीहरू
जो उड्दै पुग्छन् दूर/परदेश - कहाँ हो कहाँ !

तर ध्यानस्थ पर्वतहरूबीच सुसाउँदै/सुसाउँदै
अनवरत बगिरहने यो कर्णाली हो -
असक्त बाबु-आमा र नवविवाहित स्वास्नीलाई
दुर्गम गाउँमा छोडेर
परदेश उड्न तयार श्रमिक युवाहरूको
लामो पङ्क्ति - विमानस्थलको प्रस्थान कक्षमा !

समुद्र मन्थन

हिमालयको कोखबाट जन्मिएकी - कञ्चन नदी म

पहरो/पाखामा हुर्किएकी
अबोध/दुनिया केही नबुझेकी
पुस्तकालय बाहिर - ठूलो पुस्तकालय हो संसार
जमेर एक ठाउँमा बस्न हुन्न कदापि भनेर
यो संसारको लामो र कठिन यात्रामा निस्किएकी

हिउँचुलीको प्यारो माइतीघरबाट
दौड्दै आउँदा - कति थाके हुँला
आमालाई पछ्याइरहने बालकजस्ता खहरेहरूलाई
उतै छोडेर हिँड्दा - भित्रभित्रै कति रोएँ हुँला
अजङ्गका खलनायक भीरहरूमा चेपिएर
लुक्दै/लुक्दै - कसरी भागे हुँला !

पातालै भासिएर धर्तीमुनि
अब त हराउँछु जस्तो लाग्यो होला कहिले
फाटेर कतिपल्ट सुक्छु क्यारे यतै भनेर डराएँ हुँला
तर बगरमा/बाँधमा/खोचमा रुकिनँ म कहिल्यै
मन लोभ्याउने हरिया फाँटमा - अल्झिनँ कुनै मोहले

बरु पहराहरूबाट पटक/पटक धकेलिएर

गलहत्याइएर - निर्मम पछारिएँ
र मुक्तिका लागि लडिरहेकी अथक् योद्धाझैं
आफैंले आफैंलाई उठाएँ र सम्हालिएर हिंडें

यसैले - मेरा थोपा/थोपामा भरियो मिठास
सङ्घर्षले सङ्लिएर/निखारिएर
किनार/किनारसम्म - फैलियो मेरो शुद्धता

उही हुँ नदी - तर टाढा पुगेर
मिसिएँ एक दिन र बनें स्वयम् समुद्र !

यसपछि कता/कता
आफ्नै गति हराएजस्तो/उत्साह गुमाएजस्तो भएँ
शान्त र बिना चलमल हराएँ - आफ्नै विशालतामा
        गुमाएँ पानी हुनुको असली गुण
मेट्न नसकेर कसैको तिर्खा -
        केवल पिइरहें आफ्नै आँसुको नमीठो नुनिलोपना

ठूलो समुद्र हुँ अहिले म/तथापि
जीवन त वेगवान् नदीकै प्रिय लाग्यो मलाई !

एकालाप : रूखमुनि बिसाएको एउटा बटुवाको

यी हिमालहरू तरुनी - बैंसको उज्यालोले धपक्क
शृङ्गार गर्छन्/लुगा फेर्छन्
कहिले गुलाबी/कहिले सुनौलो/कहिले निक्खर सेतो
हुन्छन् साँझपख फेरि रातो - मलाई त खुबै मनपर्छ !

हेरिबस्नू -
यी नीला पहाड गम्भीर/शौर्यवान्/शक्तिशाली
विह्वल भएर बगेका खोलानाला/चञ्चल भएर खेलेको बतास
चुपचाप हेर्छन् - शान्त तपस्वी भएर
यात्री जो - भञ्ज्याङको चौतारीमा बसेको
सानो ढुङ्गा टिपेर फाल्छ बाटोमा/झोला सिरानी हालेर
अडेस लाग्छ केही बेर -
गोधूलिको सूर्य हेर्छ/रातमा ताराहरू हेर्छ

भारी बिसाएर/सङ्लो पानीले हात पाउ
छपछप पार्दै मुख धोएर सप्कोले पुछेको
- हेरीहेरी मुस्कुराउनु !
यी दृश्यहरूमा जिन्दगी सुन्दर लाग्छ/'आहा' लाग्छ

केटाकेटीहरू चउरमा रमाउँदै खेलेको/साइकल चलाएको
कल्याङमल्याङ गरेको/चङ्गा उडाएको
- आल्हाद हुन्छ !
मण्डपमा दुलहा-दुलहीजस्ता भएर बसेका
साना थुम्का र डाँडाहरू
हेर्दै कसैलाई पर्खिनुछ र कसैलाई
- सम्झिनु छ
- याद गर्नु छ

"तपाईं त कस्तो मान्छे !"
म यस्तै छु त के गर्नु/गाली आउँदैन
हिसाब-किताब/तिकडम आउँदैन
- जानेर पनि कहाँ पुगिने हो र !
एक सपना निद/एक तृप्ति पेट/एक ओत शरीरलाई
एक जुनी प्रेम आत्मालाई - जीवन धन्य छ !

चरनका गाईको घाँटीबाट टुङ टुङ टुङ टुङ सुनिबस्नु
सुनिबस्नु/गुम्बाको धूपको बासना मगमग
मन पराउनु
मन पराउनु/पुरानो साथी भेटेर गफ्फिनु
चिया पसलमा रमाउनु/कहिले जावलाखेलतिर यसै बरालिनु

रमाउनु/भावुक हुनु/जोक गर्नु/अतितको कुरा सम्झिनु
छतमा उक्लेर हेर्नु - मञ्जुश्रीले काटेको चोभारको डाँडो
आदिनाथ मन्दिरछेउको गुम्बा/कीर्तिपुरका गुजमुज्ज घरहरू
कहाँ-कहाँ सुदूरबाट आएका जहाजहरू उडेको
र पर्वतहरू/फेरि अर्को अर्को शैल शृङ्खला
- हेरिबसेको हुँला !

बतासले छोएर भागेको
घामले पिठ्युँमा मालिस गरेको - यहीं हुन्छ
रूखहरू उभिएको त्यो जङ्गल - यसरी नै रहन दिनू
सुहाएको छ - खुब सुहाएको छ भनेको छु

मैले प्रेम गरेको युवतीले हिंडेका गोरेटो र बाटा यहाँका
उसले छोएका रूखपात र बाहिर हेर्दै बसेको झ्याल यहाँ छ
आमाले पकाएको भोजन र हृदय छुने कथा/श्लोक
उत्सवहरू/जात्रा र पर्वहरू
यहाँ नै छन् मनपर्ने कुरा - भनेको छु

मानवता हो मेरो धर्म/मानिसको गीत गाउँछु भनेको छु
ग्लोबलाइजेसनको जमानामा -
संसारको सबै कुना सबै मानिसहरूको
वसुधैव कुटुम्बकम्जस्तो/आफू भलो जगत् भलोजस्तो
अहिले एकछिन रूखमुनि बिसाएको हुँ
थकाइ मेटेको हुँ/पसिना सुकाएको हुँ
तर मलाई त यहीं हिंडिरहनु मनपर्छ/यो भूतल

यहाँका फरासिला मानिस र दयालु स्त्रीहरू मनपर्छ
कालीगण्डकी/राप्ती/तमोरको
यी नदी गायिकाको यस्तो आलाप कहाँ सुनुँला !
धवलागिरि/नीलगिरि/कञ्चनजङ्घा -
          यी तरुणहरूले टोपी ढल्काएको कहाँ हेरुँला

पाहुना जो आउँछ खुशी - सधैं बस्दैन कहीं
र त्यो सर्छ - हिउँदमा घामजसरी सर्छ छिटो/छिटो
रिमझिम/रिमझिम पानी पर्दा -
इन्द्रेणीको दुपट्टा ओढेकी लाँकुरी भञ्ज्याङ

बादलको कानेटोपी लगाएका चुचुराहरू !

यहाँका बगरका गोला/बाटुला ढुङ्गामा कसले कला भर्छ ?
यति राम्रा शालिग्राम कसले बनाउँछ ?
जीवन यस्तो छ - सीपले सिङ्गारिन्छ सबै कुरा !

माटोमा फूलहरू रोप्नू/गमला राख्नू/पानी हाल्नू
बीउ टुसाउँछ/लहराहरू पलाउँछन् - फैलिन्छन् कता/कता
यो धर्ती पनि हो गमला - छौं हामी उम्रिएका बिरुवा
देश/देशावर दिगन्त
हामी हिंड्नु पनि लहरा भएर फैलिनु हो !

टाकुराहरूमा - उड्दै/उड्दै आएर
मखमली पछ्यौरी हुस्सुले छोपिदिएको
रुखपात/साना बिरुवाहरू लजाएको/घामले जिस्काएर
म्वाइँ खाएको/स-साना खोल्सीले प्रार्थना गाएको - यहीं हुन्छ

टिकटक बनाउन एक्लै उफ्रिरहेकी किशोरीजस्तो भएर बतास !
मयुरहरू नाचेको/कस्तूरीहरू उफ्रेको/कल्की भएको
चराले खेलेको हेर्छु र रमाइदिन्छु
यस्तै छु म
अरूले के भन्छन्/के गुनासो गर्छन् - बालै फरर !

मन परेर हो - म यहीं छु/यतैतिर हुनेछु ।

सोधेको छैन - जो हिंडेको म त्यो कस्तो यात्रा थियो ?
सोचेको छैन - जो बाँचेको म त्यो कस्तो जीवन थियो ?
सबैभन्दा प्रिय मानिसलाई कति कठिन भयो होला -
रिसाउन/बदलिएर/कठोर/मौन र अपरिचित बन्नु

मेरा पनि त्रुटिहरू होलान् - क्षमा है भन्छु !

थाह छैन - हृदयको नजिक बसेका मानिसहरूलाई पनि
खुशी दिएँ कि दिइनँ
जे भयो - यसपालाको जिन्दगी यस्तै भयो !
हिसाब-किताब त कहिले मिल्छ र !

तर सलाम छ/जयनेपाल छ/अभिवादन छ - अस्तित्वलाई
मेरो आभार छ - यो ठाउँ/यहाँको पावन भूमिलाई
तर सारा संसार सुन्दर छ
झलमल्ल घामजस्ता मानिसहरूको नजिक उभिँदा - रम्दछ मन !

कति हिँडें जिन्दगानी
भाँचिएका विश्वासहरूलाई जोडी उक्लिएँ अग्लो/अग्लो
आफ्नै असमर्थताहरूले ओर्लिएँ भासहरू होचो/होचो
सौभाग्य हो -
मानिसको अमूल्य जुनी पाउनु पनि सौभाग्य हो

हिँड्नु परेर हिँडिरहनु हुन्छ - केही नियमहरू हुन्छन्
तर रूखले छाया दियो/शीतलता दियो
नदीले तृप्ति दियो/बाटोले हिँड्ने ठाउँ दियो
गुलाबले सुगन्ध दियो/मायालुले माया दियो/सपना दियो
गुरुहरूले अक्षर दिए/ठेसहरूले सिकाइदिए
सबै - सबैले केही दिए/सबैको माया लाग्छ मलाई त !

उठ्छु/अब उठ्छु
र हिँड्छु - यो छायालाई पनि कृतज्ञता भन्छु
सबै/सबैलाई - सबै/सबैलाई आभार भन्छु ।

पर्वतहरू, कविताका पर्वतहरू !

असल कविता पनि मन्त्र नै हो ।

कविता– प्रेम, मानवता, कल्याण र न्यायका लागि गाइएको मङ्गल गीत हो । पवित्र प्रार्थना हो । यसबाट उत्पन्न हुने ऊर्जाले रूपान्तरण र उत्प्रेरणाको बाटो देखाउँछ ।

कविता योजक हो - व्यक्तिलाई अर्को व्यक्तिसँग, समाज र संसारसँग जोड्छ कविताले । प्रकृति, जीवन र अनेक अज्ञात रहस्यहरूसँग गाँसिएका प्रश्नहरूसँग साक्षात्कार गराउँछ कविताले । कविता - यो संसारलाई अझ सुन्दर देख्न चाहने सुनौलो सपना हो । स्वप्नदर्शीहरूको हृदयको आवाज हो - कविता ।

ध्वनि, लय, भाव-संवेदना, अन्तर्दृष्टि र भाषाको चमत्कारले कविता - कविता हुने हो । परिभाषा जेसुकै दिइए पनि पाठकको हृदयलाई छुने र उसलाई सोचमग्न बनाउने सामर्थ्य कविताले राखोस् !

आधुनिक प्रविधि र सञ्चारको आजको युगमा बढ्दै गएको छ, मेसिनमाथिको निर्भरता । यस्तो बेला कवितालाई मानिससँग अझ नजिक हुनु छ । एक्लोपन, निराशा, अन्याय, असमानता, गरिबी, बेथिति र विसङ्गतिको अँध्यारो हुँदा मानिसहरूका लागि ननिभ्ने उज्यालो बन्नु छ - कविताले । बोल्न नसक्नेहरूको आवाज बन्नु छ - आजको कविता । बन्नु छ यसलाई - जागरणको ब्रह्ममुहूर्त ।

अनि मानिस हुनुको आत्मबोध र गौरवको लय दिनु छ कविताले - मानिसलाई ।

जीवनलाई उत्सवमय बनाउन अन्तरङ्ग साथी बनोस् - कविता । मानिसलाई आफ्नै जिन्दगीको नयाँ आविष्कार गर्न सघाओस् कविताले - म सोचिरहेको हुन्छु ।

***

धेरै वर्षअघिको कुरा हो, परदेशमा श्रम गरेर लामो प्रवासपछि गाउँ फर्किएका छिमेकी दाइसँग भेट भयो । उहाँले फरक लवजमा मलाई भन्नुभयो - तपाईं त कविता गर्नुहुँदो रहेछ । थाहा पाएर खुशी लाग्यो ।

मैले अलिक आश्चर्यले हेरें - उहाँको निर्दोष अनुहारतिर । आफूले काम गरेको ठाउँको भाषाको प्रभाव हुन सक्छ वा उहाँको आफ्नै बुझाइ होला, "तपाईं त कविता गर्नुहुँदो रहेछ !"

कविता त लेख्ने पो ! कसरी कविता गर्नु, कुनै कामजस्तो । के यो हिँड्नु, घुम्नु वा नृत्य गर्नुजस्तै हो र ?

तर, जब आज सम्झिन्छु - अन्यथा लाग्दैन त्यो भनाइ र व्याकरण ।

खासमा कविता गर्दो रहेछ कविले । यथार्थमा कविता - कर्म नै रहेछ । लेख्नु त एक प्रकारको समापनमात्रै हो । भरिएको कुनै कुरालाई पोख्नु वा उतार्नुजस्तो । त्यसअघि कविले बाँचेको जीवन, हिँडेको बाटो, पाएको दीक्षा अनि उसको सोच र चिन्तनले बनेको चरण-चरणको लामो निर्माणयात्रा पूरा गर्नुपर्छ कविताले - कविता बन्न ।

माहुरीले फूल-फूल र जङ्गल-जङ्गल घुमेर रस बटुल्दै मह बनाएजस्तो - कविले अनेक अनुभव र अनुभूति निचोरेर-खन्याएर अनि बनेको हुन्छ कविता ।

***

'पर्वत पर्वतमा बटुवा घाम'मा एक दशकभित्र लेखिएका कविताहरू सङ्गृहीत छन् ।

मौलिक सामाजिक संरचना, विविधतायुक्त संस्कृति, जीवन्त रीतिरिवाज, जात्रा-पर्व, जीवन-दर्शन र लामो इतिहासले गर्दा हामी आफ्नो कथा भएका मानिस हौं । आध्यात्मिक र प्राकृतिक सम्पन्नता भएका हामीले भन्नुपर्ने कुरा धेरै छन् । युद्ध र शान्तिको पृथक् अनुभव पनि छ हामीसँग ।

हामीसँग पर्वतहरू छन् । र, पर्वतहरू - ज्ञान, रहस्य, साहस, अध्यात्म, दर्शन र सौन्दर्यका विम्ब हुन् ।

यसै पनि तपोभूमि/ज्ञानभूमि हो - हामी जन्मे/हुर्केको ठाउँ । सूर्यको पहिलो किरण पर्ने भूमिबाट लेखिएका कविताले आफ्नो परिचय/आफ्नो अनुहार बोलोस् ! बोल्नुपर्छ ।

यसपालि, यस कविता सङ्ग्रहमा अलि बढी - म यतैतिर छु !

***

पाण्डुलिपि पढेर कविता र मेरा लागि केही शब्दसमेत लेखिदिनुहुने आदरणीय अग्रज कवि/कथाकार अविनाश श्रेष्ठप्रति आभारी छु ।

लेखिरहन्छु । परिवारका सदस्यहरूको सहयोग नभएको भए म जिम्मेवारीको जालोमा नै अल्झिरहेको हुन्थेँ । मेरो स्वभावलाई स्वीकारेर लेख्ने वातावारण दिने परिवारका सदस्यहरूलाई सम्झिनु आफ्नो धर्म ठान्छु । बुवा-आमा, निर्मला, अभिज्ञा, प्रत्युषा र आदित्यप्रति कृतज्ञता व्यक्त गर्दछु ।

जीवनयात्राका अनेक मोडमा भेटिएर हरफ/हरफ कवितांश दिने मानिसहरूलाई पनि यस बेला सम्झिन्छु - मेरो मनैदेखिको धन्यवाद !

प्रकाशक भएर मात्र होइन, जहिले पनि उस्तै हार्दिकता र शुभेच्छाले मलाई घचघच्याइरहने प्रिय गीतकार भूपेन्द्र खड्का, सुन्दर र अर्थपूर्ण आवरण बनाउने सचिन यगोल श्रेष्ठ, लेआउट गर्ने उमेश काफ्ले र प्रकाशक संस्था बुकहिलप्रति मेरो हृदयभरिको आभार !

रमेश क्षितिज
बागडोल, ललितपुर
२५ भाद्र, २०७९

BOOK HILL

www.ingramcontent.com/pod-product-compliance
Lightning Source LLC
La Vergne TN
LVHW041105150826
845673LV00007B/1935

* 9 7 8 9 9 3 7 7 5 3 3 4 0 *